W0061913

VVS-Wanderführer
Region Stuttgart

Wandern im VVS-Gebiet
mit Bus- und Bahn-Anschluß

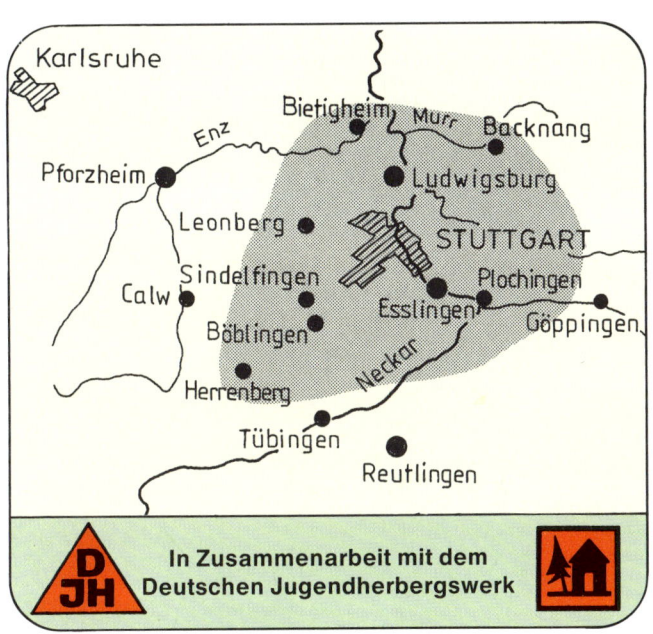

Kompass Wanderführer

VVS-Wanderführer
Region Stuttgart

Wandern im VVS-Gebiet
mit Bus- und Bahn-Anschluß

Ausgewählt, begangen
und beschrieben
von Jürgen Gerrmann

Mit einem Geleitwort von Günter Mötsch
und Dipl.-Ing. Wolfgang Wörner
Geschäftsführer der
Verkehrs- und Tarifverbund Stuttgart GmbH (VVS)

Deutscher Wanderverlag
Dr. Mair & Schnabel & Co. · Stuttgart

wandern + radwandern

Die große Wanderbuch-Reihe für grenzenloses Wandern

Für meinen Sohn Benedikt

Gesamte Kartographie:
Ing.-Büro Adolf Benjes

Umschlagbild:
S-Bahn bei Marbach am Neckar
(*Foto:* Ulrich Schnabel, DWV-Archiv)
und Bild auf Seite 2:
Schiller-Museum, Marbach
(*Foto:* Ulrich Schnabel, DWV-Archiv)

2. Auflage 1991

ISBN 3-8134-0227-4

© 1991. **Deutscher Wanderverlag Dr. Mair & Schnabel & Co.,**
Zeppelinstraße 44/1, D-7302 Ostfildern 4
Alle Rechte, auch die der photomechanischen Wiedergabe
und der Übersetzung, vorbehalten.
Satz: Gerda Kaul, D-7317 Wendlingen
Druck: Siegfried Roth, D-7311 Owen/Teck
Printed in Germany

Inhalt

Rund um die Landeshauptstadt

Wandern in Stuttgart

Hoch auf den Fildern

Im schönen Schönbuch

Um Böblingen und Sindelfingen

Süd- und nördlich von Leonberg

In Stroh- und Heckengäu

West- und östlich von Ludwigsburg

An Murr und Buchenbach

An Neckar und Rems

Von und nach Schorndorf

Durch den Schurwald

Vom Tal auf die Kernenhöhe

Vom Neckar zum Albrand

VVS

Verbund-

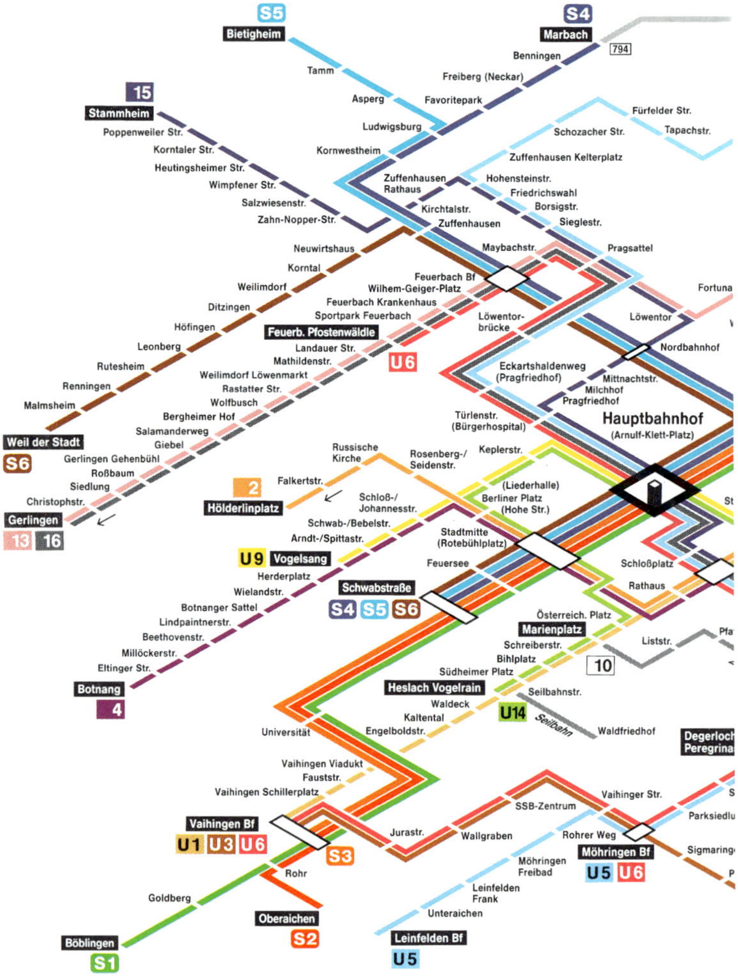
S5
Bietigheim
Tamm
Asperg
Ludwigsburg
Kornwestheim
S4
Marbach
794
Benningen
Freiberg (Neckar)
Favoritepark
15
Stammheim
Poppenweiler Str.
Korntaler Str.
Heutingsheimer Str.
Wimpfener Str.
Salzwiesenstr.
Zahn-Nopper-Str.
Fürfelder Str.
Tapachstr.
Schozacher Str.
Zuffenhausen Kelterplatz
Zuffenhausen Rathaus
Hohensteinstr.
Friedrichswahl
Borsigstr.
Kirchtalstr.
Zuffenhausen
Sieglestr.
Neuwirtshaus
Korntal
Weilimdorf
Ditzingen
Höfingen
Leonberg
Rutesheim
Renningen
Malmsheim
Weil der Stadt
S6
Maybachstr.
Pragsattel
Feuerbach Bf
Wilhem-Geiger-Platz
Feuerbach Krankenhaus
Sportpark Feuerbach
Feuerb. Pfostenwäldle
Landauer Str.
Mathildenstr.
Weilimdorf Löwenmarkt
Rastatter Str.
Wolfbusch
Bergheimer Hof
Salamanderweg
Giebel
Gerlingen Gehenbühl
Roßbaum
Siedlung
Christophstr.
Gerlingen
13
16
U6
Löwentor-brücke
Fortuna
Löwentor
Nordbahnhof
Eckartshaldenweg (Pragfriedhof)
Mittnachtstr.
Milchhof
Pragfriedhof
Türlenstr. (Bürgerhospital)
Hauptbahnhof
(Arnulf-Klett-Platz)
Russische Kirche
Rosenberg-/ Seidenstr.
Keplerstr.
Falkertstr.
2
Hölderlinplatz
Schloß-/ Johannesstr.
(Liederhalle)
Berliner Platz
(Hohe Str.)
Schwab-/Bebelstr.
Arndt-/Spittastr.
Stadtmitte (Rotebühlplatz)
U9
Vogelsang
Herderplatz
Wielandstr.
Feuersee
Schloßplatz
Rathaus
Schwabstraße
S4
S5
S6
Botnanger Sattel
Lindpaintnerstr.
Beethovenstr.
Millöckerstr.
Eltinger Str.
Botnang
4
Österreich. Platz
Marienplatz
Schreiberstr.
Bihlplatz
Liststr.
10
Südheimer Platz
Heslach Vogelrain
Seilbahnstr.
Waldeck
Kaltental
U14
Seilbahn
Waldfriedhof
Engelboldstr.
Universität
Degerloch
Vaihingen Viadukt
Faustst.
Vaihingen Schillerplatz
Vaihinger Str.
SSB-Zentrum
Parksiedlu
Vaihingen Bf
U1
U3
U6
Jurastr.
Wallgraben
Rohrer Weg
Möhringen Bf
Sigmaring
S3
Rohr
Möhringen Freibad
U5
U6
Goldberg
Leinfelden Frank
Oberaichen
Unteraichen
S2
Böblingen
S1
Leinfelden Bf
U5

Schienennetz

Erdmannhausen-Rielingshausen — Kirchberg — Burgstall — 794

S3 Backnang — Maubach — 794

U5 Freiberg

U14 Mühlhausen

Nellmersbach

Auwiesen — Winnenden

Suttnerstr. — Hofen — Schwaikheim

Landes-versicherungsanstalt — Seeblickweg — Neustadt-Hohenacker

Max-Eyth-See — Waiblingen

Elbestr. — Rommelshausen

Freibergstr. — Fellbach — Stetten-Beinstein

Münster Rathaus — Endersbach

Münster Viadukt — Sommerrain — Beutelsbach

Kraftwerk Münster — Grunbach

Eckardt — Mühlsteg — **2** Obere Ziegelei — Höhenstr. — Geradstetten

Rosenstein-brücke — Gnesener Str. — Beskidenstr. — Esslinger Str. — Winterbach

Kursaal — Friedrich-List-Heim — Schwabenlandhalle — Weiler

Wilhelma — Daimlerplatz — Nürnberger Straße — **Fellbach Lutherkirche** **U1**

Schorndorf **S2**

Augsburger Platz — Kienbachstr.

Uff-Kirchhof

Wilhelmsplatz Bad Cannstatt — Blick — Gipsfabrik

Mercedesstr. — Eszet

Mineralbäder — Sonderverkehr Wasen — Neckarstadion — Schlotterbeckstr.

Metzstr. — Cannstatter Wasen

Stöckach — Karl-Olga-Krankenhaus — Raitelsberg — Großglocknerstr. — Neckarhalde

Neckartor — Schlachthof — Ebniseestr.

Staatsgalerie — Bergfriedhof — Wangener-/Landhausstr. — Untertürkheim Bf — Bergstaffelstr.

Ostendplatz — Brendle (Großmarkt)

Charlottenplatz — Tal-/Landhausstr. — Im Degen — **Obertürkheim Bf**

Eugensplatz — Hornbergstr. — Inselstr. — **4** — Mettingen

Olgaeck — Heidehofstr. — Wasenstr. — Esslingen (Neckar)

Stafflenbergstr. — Wangen Marktplatz — Oberesslingen

...affenweg — Bubenbad — Kodak — Zell

Wielands-höhe — Dobelstr. — Payerstr. — Altbach

Bopser — Geroksruhe — **Hedelfingen** **U9** **13**

Haigst — Stelle

Weinsteige — Ruhbank (Fernsehturm) — Neckar — **Plochingen** **S1**

Degerloch — Nägelestr. — Silberwald

...astr. — **U6** — Eduard-Steinle-Str.

Degerloch Zahnradbf. **10** — Sillenbuch Kemnater Str.

Sonnenberg — Bockelstr.

...ung — **Heumaden** **16** **15**

...ger Str.

Plieninger Str.

Salzäcker

Landhaus

Plieningen Garbe **U3**

S-Bahn-Linien	Stadtbahn-Linien	Straßenbahn-Linien	DB-Nahverkehr Marbach–Backnang
S1 **S4**	**U1** **U6**	**2** **15**	————
S2 **S5**	**U3** **U9**	**4** **16**	794
S3 **S6**	**U5** **U14**	**13**	

Herausgeber:
Verkehrs- und Tarifverbund
Stuttgart GmbH (VVS)

Gestaltung:
Büro Hartwig Stuttgart

Stand Juni 1991

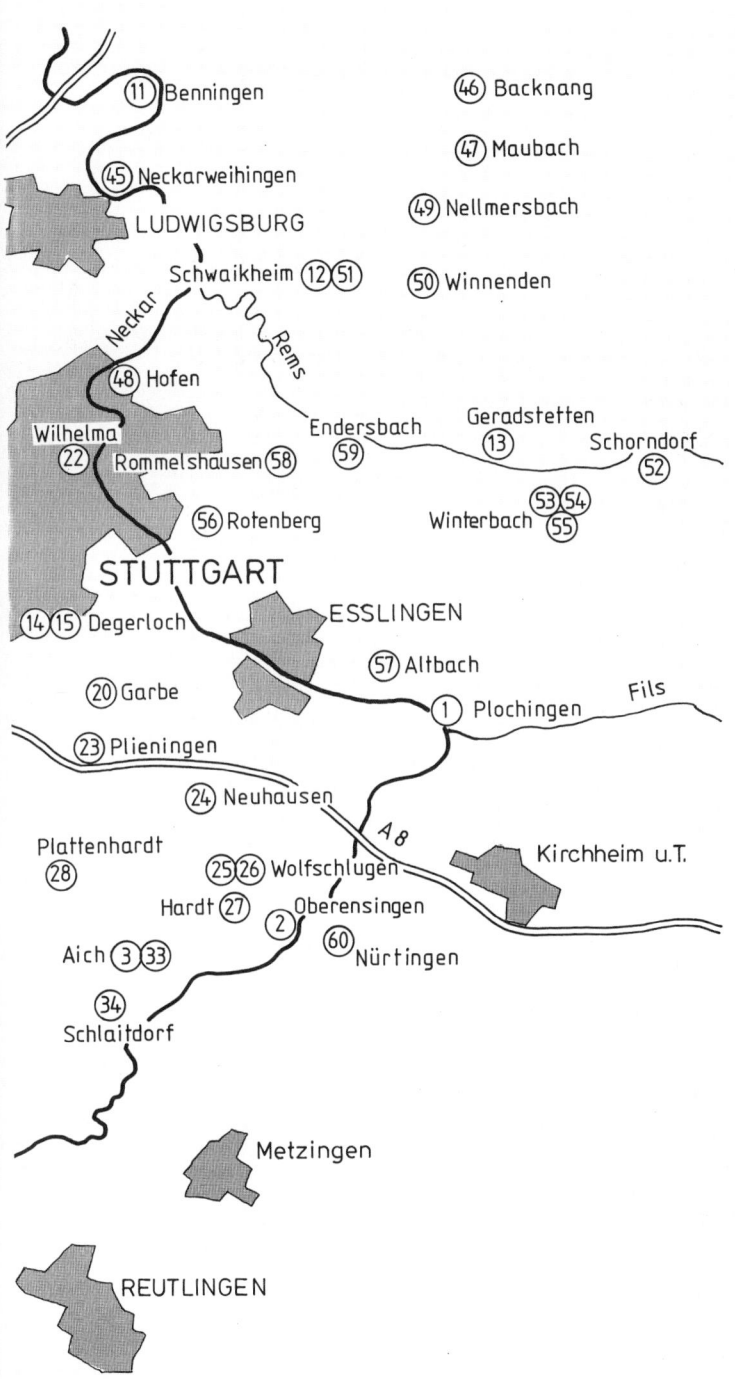

Orts- und Sachverzeichnis

Mit Nummern-Angaben der betreffenden Wanderungen;
schräg-gedruckte Zahlen weisen auf Kurzbeschreibung im Text hin.

12

(Foto: Ulrich Schnabel)

14

(Foto: Ulrich Schnabel)

15

Bilderverzeichnis

60 Touren auf Schusters Rappen
Mit dem VVS die Umgebung entdecken

Für viele gehört die Fahrt mit den Bahnen und Bussen des VVS zur täglichen Gewohnheit. Pro Werktag steigen mehr als 300000 Fahrgäste in die Verkehrsmittel des VVS ein, um zur Arbeit, zur Schule, zum Einkaufen und zurück zu fahren. Das ist praktischer Umweltschutz, denn jeder VVS-Fahrschein ist ein Umweltticket, da er Autofahrten und damit schädliche Abgase, Lärm und Stau vermeidet. Der VVS bietet aber noch viel mehr: Mit seinen Bussen und Bahnen können auch die vielen landschaftlich sehr reizvollen Ausflugsgebiete in Stuttgart und vor den Toren der Landeshauptstadt problemlos erreicht werden. In diesem Wanderführer des *Deutschen Wanderverlages* sind 60 solcher Wanderziele aufgeführt. Sie sind von den Fachleuten des Verlages ausgesucht und die Anschlüsse durch den VVS geprüft worden. Wer die nähere und weitere Umgebung von Stuttgart kennenlernen möchte, dem bietet dieser Wanderführer Tips in Hülle und Fülle. Es sind Touren dabei, die z. B. in Plochingen (Endpunkt der S-Bahn-Linie S 1) beginnen und über den Weißen Stein, Baach und Manolzweiler nach Winterbach (Haltepunkt der S-Bahn-Linie S 2) führen. Durch das reizvolle Nekkartal führt die in Freiberg beginnende Wanderung über die Schillerstadt Marbach bis nach Affalterbach, jeweils mit S-Bahn- und Busanschlüssen. Wer's kürzer mag, dem sei die Wanderung von der Stuttgarter Wilhelma zum Burgholzhof über den Schnarrenberg bis hin zum Max-Eyth-See (Haltestelle der Stadtbahnlinie U 14) empfohlen. Zu jedem Wandervorschlag gehört nicht nur eine genaue Wegbeschreibung, sondern auch ein Kartenausschnitt des betreffenden Gebietes. Es wird auf die Verkehrsverbindungen hingewiesen, und es fehlen auch nicht historische Betrachtungen über die einzelnen Wander- und Ausflugsziele.

Mit diesem Wanderführer erschließen sich Ihnen Wandergebiete, die Sie bisher vielleicht noch nicht kannten. Und da es abwechslungsreicher ist, die Wanderung nicht dort enden zu lassen, wo sie begonnen wurde, finden Sie in diesem Buch zahlreiche Vorschläge, die Sie durch eine reizvolle Landschaft zu einer anderen als der Ausgangshaltestelle führen, von der Sie dann wieder mit Bus und Bahn nach Hause kommen.

Viele schöne Wandertage wünscht Ihnen die Geschäftsführung des Verkehrs- und Tarifverbundes Stuttgart GmbH (VVS)

Günter Mötsch   Wolfgang Wörner

VVS-Tarifinformation
(Stand: Januar 1991)

Der öffentliche Personennahverkehr wird in Stuttgart und den angren-
zenden Landkreisen von der Deutschen Bundesbahn (DB) und den
Stuttgarter Straßenbahnen AG (SSB) im Verkehrs- und Tarifverbund
Stuttgart (VVS) betrieben. Es gelten einheitliche Fahrausweise für die in
einem Verbund-Fahrplan aufeinander abgestimmten Verkehrsmittel: 6
S-Bahn-Linien, Eil- und Nahverkehrszüge, 6 Stadtbahnlinien, 5 Straßen-
bahn- und 80 Buslinien, 1 Zahnradbahn und 1 Seilbahn. Samstags, sonntags: 9 Nachtbuslinien.

Zur Vorbereitung der Fahrten mit VVS-Verkehrsmitteln dient der
Verbundfahrplan, der an allen VVS-Verkaufsstellen erhältlich ist oder
auf Bestellung vom VVS direkt ins Haus geschickt wird (telefonische Bestellung: 6606-200).

Auskünfte Zu allen Verbundfragen geben die Kundenberatungen von
SSB und VVS, die betriebseigenen Verkaufsstellen der SSB, die örtli-
chen Auskunftsstellen der DB Auskunft.

Telefonservice:	VVS	(0711) 6606-200
	DB	(0711) 19419
	SSB	(0711) 2505-303

Fahrausweise Kinder unter 6 Jahren werden unentgeltlich befördert.
Für Kinder im Alter von 6 Jahren bis unter 12 Jahren gilt Kindertarif.
Familien-Tageskarte (auch für Kleingruppen):
Bis zu 4 Erwachsene, einen Tag lang, beliebig viele Fahrten, im gesamten Netz (Verbundstufe I). 2 Kinder (6–11 Jahre) gelten als 1 Erwachse-
ner. Und Bello darf auch mit.
Montag bis Freitag ab 9 Uhr, am Samstag, Sonntag und Feiertag ab Kauf
bzw. Entwertung bis Betriebsschluß (einschließlich Nachtbusse).
Die Familien-Tageskarten sind erhältlich
– an VVS-Automaten (gelbe Taste ›Netz‹)
– bei SSB-Verkaufsstellen
– an Bushaltestellen ohne Automat beim Fahrer.

Tageskarte Für beliebig viele Fahrten für 1 Erwachsenen und 1 Kind
(6–11) im gesamten Netz der Verbundstufe I. Gültig an einem Tag ab
Kauf bzw. ab Entwertung bis Betriebsschluß (einschließlich Nachtbusse).

Mitnahme von Fahrrädern Für eine zweite Tageskarte oder für einen
Einzelfahrschein (Kind) pro Fahrrad und Fahrt werden die Fahrräder in
der S-Bahn, dem Nahverkehrszug, der Zahnradbahn und an Sonn- und
Feiertagen auch in der Stadtbahn befördert.

Einzelfahrschein Für eine Fahrt mit beliebig häufigem Umsteigen in
Richtung auf das Fahrziel. Einzelfahrscheine gibt es mit Ausnahme im
Busbereich nur am Automaten (orange Tasten). Kurzstreckenfahrschein
Montag bis Freitag ab 9 Uhr, an Samstagen, Sonn- und Feiertagen ab

Betriebsbeginn. Für eine Fahrt bis zu 2 Kilometer Länge. Die erreichbaren Ziele stehen am Automaten oder im Fahrplankasten (orange Taste Kurzstrecke).

Mehrfahrtenkarte Jeder der 4 Abschnitte einer Mehrfahrtenkarte A oder B berechtigt zu einer Fahrt; mit der Mehrfahrtenkarte A nur in einer Tarifzone des Innenraums, mit der Mehrfahrtenkarte B zu einer Fahrt von beliebiger Länge im gesamten Innenraum. Beide Mehrfahrtenkarten sind am Automaten (blaue Tasten) oder bei einer Verkaufsstelle erhältlich. Sie sind bei Fahrtantritt zu entwerten.

Vorwort

Die Region in und um Stuttgart ist nicht gerade als »Wander-Eldorado« bekannt. Aber das will nichts heißen. Wer sie näher kennt, der weiß sie auch in dieser Hinsicht zu schätzen.

Denn dort findet sich fast alles, was des Wanderers Herz höher schlagen läßt: Berge, Täler, Wiesen, Wälder, Seen und Flüsse. Trotz der Nähe der Großstadt und trotz der Funktion dieser Region als Verkehrsknotenpunkt kann man binnen kurzem manch stillen Winkel erreichen, in dem sich Abstand von der Hektik des Alltags gewinnen läßt. Man muß nur wissen, wo.

Ein weiterer »Pluspunkt für Wanderer« ist das hervorragend ausgebaute Netz des öffentlichen Personennahverkehrs. Die Fülle von Bussen und Bahnen ermöglicht es, ohne Auto unterwegs zu sein. Dies stellt nicht nur einen Beitrag zum Umweltschutz dar, sondern ermöglicht auch das Wandervergnügen der reinsten Form: nicht auf einen Ausgangspunkt angewiesen zu sein, zu dem man wieder zurück muß, sondern einfach »der Nase nach« gehen zu können. Denn immer wieder stößt man auf eine Haltestelle des Verkehrs- und Tarifverbunds Stuttgart (VVS), von der aus man bequem nach Hause gelangen kann.

Bei der Ausarbeitung der 60 Touren, die in diesem Band zusammengefaßt sind, wurde die größtmögliche Sorgfalt angewandt. Dennoch können ab und an Probleme auftauchen – wie zum Beispiel durch die Orkane der ersten Monate des Jahres 1990, die manchen Wanderweg buchstäblich »verlegten«. Und ab und an kann auch ein Baum gefällt werden und das Wanderzeichen auf diese Art und Weise verschwinden. Es empfiehlt sich daher auf jeden Fall, eine gute topographische Karte mitzunehmen, um gegen Unbill dieser Art gewappnet zu sein. Aber ansonsten steht dem Wandervergnügen rund um Stuttgart nichts mehr im Wege. Viel Spaß dabei!

Jürgen Gerrmann

1 Plochingen – Wendlingen – Tachenhäuser Hof – Nürtingen

Verkehrsmöglichkeiten Bahnhof Plochingen der S-Bahn-Linie S 1.

Wegmarkierungen Teilweise unmarkiert, roter Punkt, blauer Punkt, liegendes blaues Ypsilon. **Tourenlänge** 21 Kilometer. **Wanderzeit** 6 Stunden. **Höhenunterschiede** 150 Meter.

Wanderkarte Stuttgart und Umgebung (TK 50 SAV, Blatt 14).

Wissenswertes Die *Wernauer Baggerseen* sind eines der wertvollsten Biotope. – Das Naherholungsgebiet *Neckarwasen/Hüttensee* lädt zu Spiel, Rasten und Grillen ein. – Die *Ulrichsbrücke* auf der Gemarkung Köngen wurde 1604 vom berühmten Baumeister Schickardt erbaut. – Die Kapelle unserer lieben Frau im Hürnholz im Wendlinger Stadtteil *Unterboihingen* wurde vor 1100 geschaffen und birgt zahlreiche romanische Fresken in sich. – Das Lehr- und Versuchsgut der Fachhochschule Nürtingen auf dem *Tachenhäuser Hof* hat einen herrlichen Bauerngarten, der im Frühling, Sommer und Herbst eine Augenweide ist.

Tourenbeschreibung Wenn wir den Bahnhof verlassen, müssen wir nach rechts und mit dem roten Punkt des Albvereins immer den Gleisen entlang unter einer Brücke hindurch, bis diese Straße in die *Ulmer Straße* mündet. Ihr folgen wir bis zum Ortsende, dann biegen wir nach rechts ab – zunächst unter der Bahnlinie hindurch und sofort wieder nach rechts. Nach hundert Metern können wir nach links über die *Fils,* nach der wir uns vom Wanderzeichen verabschieden und mehr oder minder geradeaus unter der B 10 hindurchgehen. Immer geradeaus bringt uns dieser Weg zum Bahnhof von *Wernau,* gegenüber dem eine Rolltreppe auf eine Brücke führt, auf der wir den *Neckar* überqueren. Sofort nach dem Fluß vertrauen wir uns der Straße an, die nach rechts in Richtung Sportzentrum mit Freibad und Eisstadion abzweigt. Hier halten wir uns immer am Neckar, wobei wir nach dem Gelände der Wernauer Sportfreunde rechter Hand zunächst das *Naturschutzgebiet Wernauer Baggerseen,* das Naherholungsgebiet *Neckarwasen-Hüttenseen* und leider zum Schluß auch die B 313 sehen, bevor wir bei der historischen *Ulrichsbrücke* ankommen.

Wir überqueren sie nach links, gehen über eine Straße hinweg und richten bei der nächsten Kreuzung unsere Schritte mit dem blauen Punkt nach rechts – aber nur, bis wir linker Hand die Park-and-Ride-Anlage der Bundesbahn entdecken. Über sie können wir die Unterführung unter den Bahngleisen erreichen.

Zu Tour 1, 13, 55   **Plochingen, Aussichtsturm**   (Foto: Ulrich Schnabel)

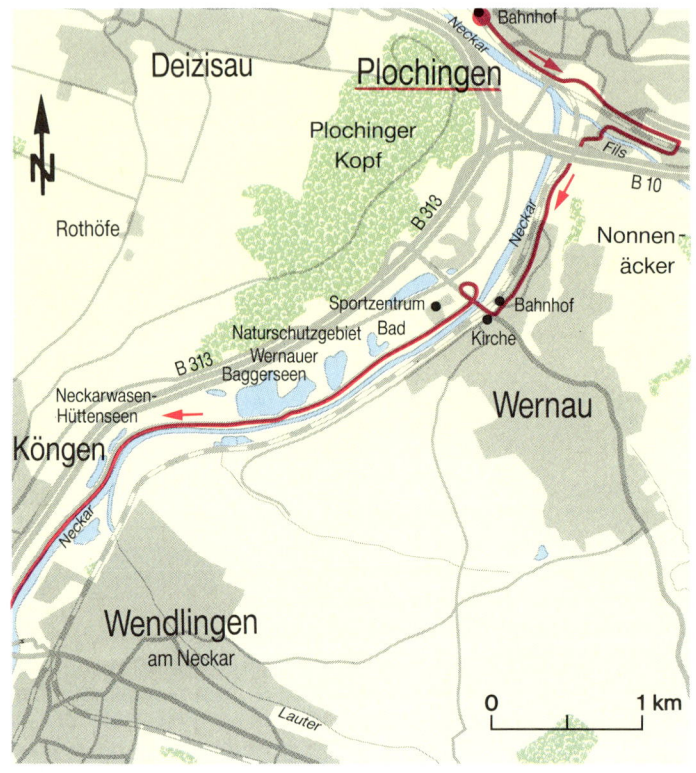

Auf deren anderer Seite müssen wir dann wieder nach rechts auf der *Bahnhofstraße* bis zum *Schloß Unterboihingen.*

Hier gilt es aufmerksam zu sein: es geht für 30 Meter nach links und noch vor der Kirche mit dem liegenden blauen Ypsilon abermals nach links in die *Kirchstraße.* An einer Grünanlage macht sie einen Knick nach links und führt dann weiter dem kleinen Park entlang bis zum Friedhof mit der herrlichen Kapelle *Unserer lieben Frau im Hürnholz.* Dort wenden wir uns wieder nach rechts bis zur nächsten Kreuzung – und weiter nach links bergan in die *Waldstraße.* Über sie verlassen wir den Ort – und wenn wir nach 400 Metern über das freie Feld auf einen Forst treffen, halten wir uns rechts und dann immer am Waldrand entlang, bis wir über eine Brücke die Autobahn A 8 überqueren können. Nach 150 Metern macht der Weg erneut am Waldrand einen Rechtsbogen, und bei der nächsten Kreuzung können wir nach rechts zum *Tachenhäuser Hof* abbiegen.

Köngen

Neckar

Wendlingen
am Neckar

A 8

Lauter

Ulrichsbrücke

N

Schloß
Kirche

Kapelle
Friedhof

Unter-
boihingen

Unter-
ensingen

Neckar

A 8

Tachenhäuser
Hof

Oberboihingen

Talbach

Zizis-
hausen

Sterrich

Nürtingen

Marbach

Friedhof

Säer

Kreiskrankenhaus

Reudern

Zentraler
Omnibusbahnhof

B 297

Ersberg

Steinach

0   1 km

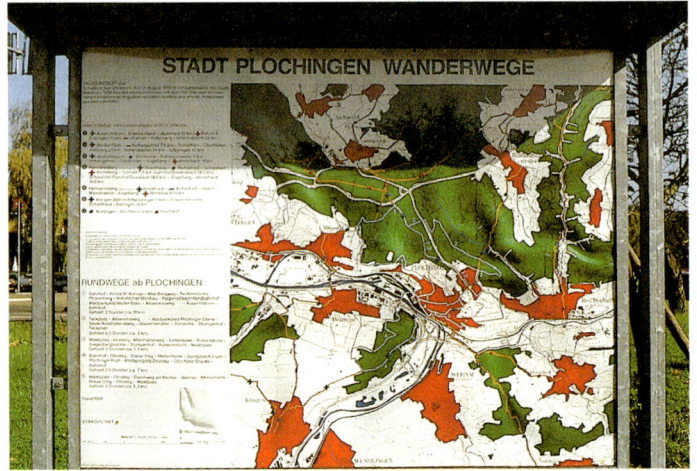

Zu Tour 1, 13, 55 **Plochingen, Wanderwege-Übersicht** (Foto: Ulrich Schnabel)

An dessen Haupteingang zweigt scharf nach links ein Sträßchen ab, dem wir uns bis ins Tal hinab anschließen. Bei der ersten Möglichkeit überqueren wir über eine Brücke nach links den *Talbach* und wandern dann sofort auf dem ersten Feldweg, der nach links abzweigt, übers freie Feld erneut bis zum Waldrand.

Dort wenden wir uns nach halbrechts in den Wald hinein – und auf dem ersten Schotterweg, der dort nach rechts abzweigt, bergauf. Auf der Höhe müssen wir nach links und dann immer geradeaus bis zu einer Straße, entlang derer wir unsere Schritte auf einem Gehweg bis zum *Friedhof Reudern* nach links wenden. Dort führt dann der *Marbachweg* nach rechts bergab und an seinem Ende der *Dahlienweg* nach links bergauf.

Nun stehen wir erneut an einer Straße und müssen hier auf einem Gehweg zuerst nach rechts an ihr entlang und weiter geradeaus über die Hochebene des *Säer* bis zum *Kreiskrankenhaus Nürtingen.* Hier beschreibt unser Weg zuerst einen Rechts-, dann einen Linksbogen und mündet in die *Säerstraße.* An deren Ende gehen wir für etwa 50 Meter nach links, bis an einem Fußgängerüberweg eine Treppe nach rechts auf das Gelände des Raiffeisenlagerhauses führt.

Bei der Einmündung in die *Plochinger Straße* können wir nach rechts bis zum Park-and-Ride-Platz der Bundesbahn und durch eine Unterführung zum zentralen *Omnibusbahnhof (ZOB) Nürtingen,* den auch die SSB-Buslinie 74 anfährt.

2 Oberensingen – Galgenberg – Aich

Verkehrsmöglichkeiten Haltestelle Oberensingen Post der SSB-Buslinie 74.
Wegmarkierungen Teilweise unmarkiert, roter Balken.
Tourenlänge 10 Kilometer.
Wanderzeit 2¾ Stunden.
Höhenunterschiede 80 Meter.
Wanderkarte Stuttgart und Umgebung (TK 50 SAV, Blatt 14).
Wissenswertes Im Wohngebiet Seelen hat die Stadt *Nürtingen* die Reste eines römischen Gutshofs aus dem 3. Jahrhundert restaurieren lassen. Aus der Nürtinger Heinrichsquelle kommt eines der mineralsalzhaltigsten Heilwässer des Landes. – Vom *Galgenberg* aus hat man bei gutem Wetter eine herrliche Sicht über hundert Kilometer Albrand. – Das *Naturtheater Grötzingen* zählt mit seinen Kinder- und Erwachsenenstücken zu den erfolgreichsten Bühnen dieser Art in Baden-Württemberg.
Tourenbeschreibung Von der Haltestelle aus gehen wir zunächst über die Aich hinweg und sofort nach rechts in die *Mühlgasse,* die schon nach 80 Metern ansteigt. Wenn nach links die Straße *Im Vogelsang* abzweigt, folgen wir dieser bis an ihr Ende, dann durch einen schmaleren Durchgang und sofort nach rechts über einen Gehweg im Zickzack zum römischen Gutshof im Wohngebiet *Seelen.* Hier wenden wir uns nach links und, 50 Meter, nachdem die Straße einen Linksbogen beschritten hat, wieder nach rechts hinab zu einem Schotterweg, der uns nach rechts bergab zur *Nürtinger Heinrichsquelle* bringt.

Nach diesem kleinen Häuschen führt ein Weg nach rechts immer am *Galgenbergpark* entlang auf die Höhe. Wenn der Park zu Ende ist, geht es auf einem Fußweg weiter zum höchsten Punkt dieses Anstiegs bei der *Schillerhöhe.* Hier halten wir uns immer geradeaus, bis der Weg nach etwa 1½ Kilometern bei einem Hochspannungsmast in einen anderen mündet und wir für 100 Meter nach links und dann gleich wieder nach rechts müssen.

Wenn dieser Weg nach rund 2 Kilometern auf einen Teerweg übergeht, haben wir zwei Möglichkeiten: entweder wir gehen das Sträßchen hinab bis zum 200 Meter entfernten *Naturtheater Grötzingen* oder fast geradeaus. Bei einer Kreuzung mit einer Autostraße treffen sich die beiden Varianten wieder, und wir wandern mit dem roten Balken des Albvereins geradeaus (wenn wir im Naturtheater waren, geht es an dieser Stelle nach rechts).

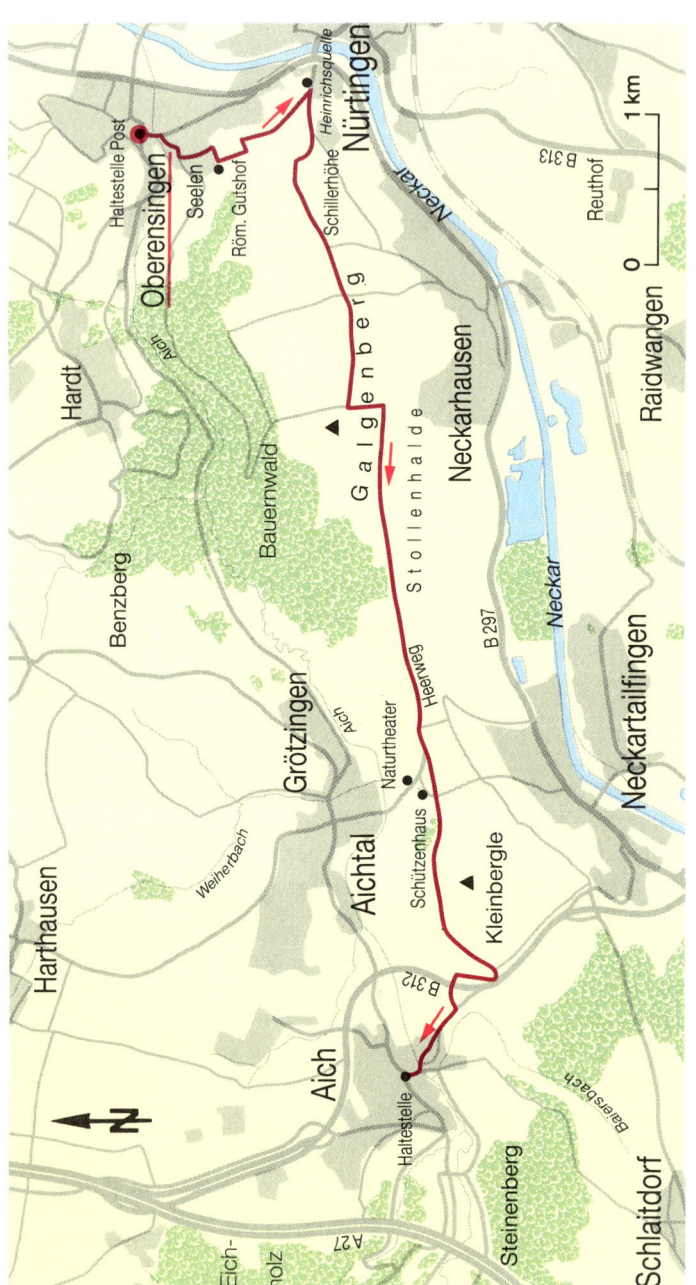

Nürtingen

Heinrichsquelle

Schillerhöhe

Oberensingen

Haltestelle Post

Seßlen

Röm. Gutshof

Aich tal

Hardt

Benzberg

Bauernwald

Galgenberg

Neckar

Neckarhausen

Neckar

Raidwangen

Reuthof

B 313

1 km

0

Stollenhalde

Grötzingen

Aich

Weiherbach

Naturtheater

Heerweg

B 297

Schützenhaus

Kleinbergle

Neckartailfingen

Harthausen

B 312

Haltestelle

Steinenberg

Bärenbach

Schlaitdorf

Aich

Eich-
holz

A 27

N

Es ist keine Richtungsänderung mehr nötig, bis wir zu einem Sträßchen kommen, das uns rechts nach *Aich* bringt. Nach Überqueren der Aich kommen wir zur Ortsdurchfahrt und können 20 Meter links bei der *Haltestelle Aich Ort* die SSB-Buslinie 75 besteigen.

3 Aich – Schaichtal – Waldenbuch

Verkehrsmöglichkeiten Haltestelle Aich Ort der SSB-Buslinie 75.

Wegmarkierungen Teilweise unmarkiert, roter Balken, roter Punkt, blauer Punkt.

Tourenlänge 14 Kilometer. **Wanderzeit** 4 Stunden.

Höhenunterschiede 150 Meter.

Wanderkarte Stuttgart und Umgebung (TK 50 SAV, Blatt 14).

Wissenswertes Das *Schaichtal* ist ein naturbelassenes Tal am Rande des Ballungsraums, in dem viele Biotope angelegt wurden. Mehrere Grillplätze laden zum Verweilen ein. – Das Württembergische Landesmuseum zeigt im *Schloß Waldenbuch,* das zwischen 1562 und 1719 erbaut wurde, Zeugnisse der Volkskultur in Württemberg. Die Sanierung des Stadtkerns ist vorbild-

Zu Tour 3, 4, 29, 32, 36   Waldenbuch   (Foto: Ulrich Schnabel)

27

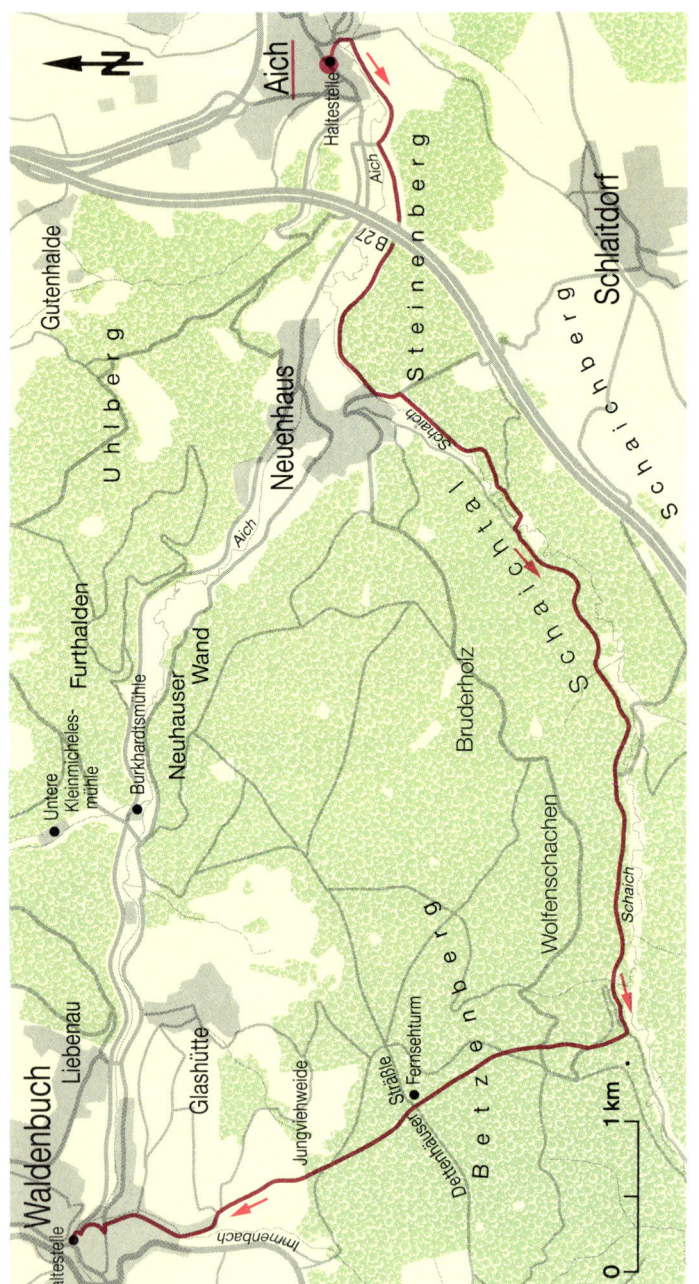

N

Aich

Haltestelle

Aich

B 27

Steinenberg

Schlaitdorf

Gutenhalde

U h l b e r g

Neuenhaus

Schaich

Schaichberg

Aich

Schaichtal

Furthalden

Neuhauser Wand

Burkhardtsmühle

Bruderholz

Wolfenschachen

Untere
Kleinmichles-
mühle

Liebenau

B e t z e n b e r g

Schaich

Glashütte

Jungviehweide

Fernsehturm

Straße

Dettenhäuser

Immenbach

Waldenbuch

Haltestelle

1 km

0

lich, und als herausragend kann dabei sicher die evangelische *Stadtkirche Sankt Veit* gelten.

Tourenbeschreibung Wir orientieren uns an der in der Nähe der Haltestelle von der Ortsdurchfahrt abzweigenden *Neckartailfinger Straße,* gehen durch sie nach rechts und nach einem Brückchen über die Aich erneut zweimal nach rechts zur Festhalle. Wir verlassen hier den Ort und bleiben immer auf diesem Asphaltweg, der zunächst entlang der *Aich* führt und dann ein wenig ansteigt. Am höchsten Punkt wandern wir aber wieder geradeaus bergab bis zu einem Wanderparkplatz, wo wir unsere Schritte nach links lenken müssen.

Zwischen Wald und Aich erreichen wir bei einem Brückchen den Ortsrand von *Neuenhaus,* gehen aber nicht hinein, sondern halten uns links auf einem Schottersträßchen, das ins *Schaichtal* hinausführt. Hier fällt die Orientierung sehr leicht, denn etwas mehr als 5 Kilometer bleiben wir immer im Talgrund – bis wir zu einer sehr markanten Wegspinne kommen, wo nach rechts der blaue Punkt des Albvereins auf einen steil bergauf führenden Pfad weist. Ab hier ändern wir unsere Richtung für lange Zeit nicht – auch nicht, wenn wir beim *Waldenbucher Fernsehturm* den höchsten Punkt erreicht haben. Wenn dieser Weg in einen anderen mündet, wandern wir kurz nach links und nach 40 Metern wieder nach rechts (immer bergab). Bald führt der Weg aus dem Wald hinaus und über eine Wiese auf einen Schotterweg. Immer geradeaus bringt uns das Wanderzeichen nach *Waldenbuch.* Bei der Einmündung in eine andere Straße wandern wir kurz nach links bis zum evangelischen Gemeindezentrum und dann nach rechts, bis zu der Stelle, wo wir die Aich überqueren können und nach links zur Haltestelle *Waldenbuch Postamt* der SSB-Buslinie 86 und der RBS-Buslinien 7600 und 7974 kommen.

 ## Waldenbuch – Segelbachtal – Weil im Schönbuch – Mauren – Ehningen

Verkehrsmöglichkeiten Haltestelle Waldenbuch Postamt der SSB-Buslinie 86 und der RBS-Buslinien 7600 und 7974.
Wegmarkierungen Teilweise unmarkiert, roter Punkt, blauer Punkt, blauer Balken, gelb-blaue Raute.
Tourenlänge 25 Kilometer.
Wanderzeit 7 Stunden.
Höhenunterschiede Etwa 300 Meter.
Wanderkarten 1:50000 Blätter L 7320 Stuttgart Süd, L 7318 Calw.

Wissenswertes *Waldenbuch* (siehe Tour 3). – Der Charakter des Ortskerns von *Weil im Schönbuch* wird vom früheren Herrschaftssitz der Pfalzgrafen von Tübingen, der ins 11. Jahrhundert zurückreicht, geprägt. – Das ehemalige *Schloß Mauren* ist heute ein landwirtschaftliches Gut und beliebtes Ausflugsziel.

Tourenbeschreibung Von der Haltestelle aus halten wir uns zunächst ein Stück entlang der Straße Richtung Tübingen. Bei der Abzweigung der Straße nach Weil im Schönbuch müssen wir gut aufpassen: wir wandern auf der Straße *Am Seitenbach* ziemlich geradeaus zu einem Bächlein und dann mit dem roten Punkt nach rechts zunächst bis zur *Seitenbachmühle* und bei der nächsten Einmündung nach links bis zum *Schützenhaus*. Wir gehen immer am *Segelbach* entlang, wobei kurz vor Ende des Waldes zum roten noch der blaue Punkt hinzukommt. Hier müssen wir ein Stück bergauf, überqueren eine Straße und bleiben auf einem Wanderparkplatz geradeaus, bis an dessen Ende das Sträßchen einen Rechtsbogen macht. Bei der nächsten Möglichkeit wandern wir wieder nach links auf einem Teersträßchen und an der *Totenbachmühle* vorbei ins Tal hinein, wobei der Weg erst 500 Meter geradeaus, dann an einer Einmündung 50 Meter nach rechts bergauf und schließlich sofort wieder nach links führt. Bei der Kläranlage müssen wir wieder nach links über den Segelbach und dann ein Stückchen bergauf, bis uns auf halber Höhe der rote Punkt nach rechts nach *Weil im Schönbuch* hineinschickt.

Zu Tour 4 **Weil im Schönbuch**   (Foto: Ulrich Schnabel)

Wir überqueren eine Straße, treffen auf der anderen Seite auf einen kleinen See und auf den blauen Punkt, der uns den Weg über eine Treppe und die *Finkenstraße* bergauf weist. Am höchsten Punkt verlassen wir die Ortschaft geradeaus und gehen hinunter nach *Breitenstein,* wobei wir uns immer am Rande der Bebauung halten, an deren Ende es nach rechts geht.

Bald kommen wir an einer Straße an, die wir überqueren und mit dem Wanderzeichen geradeaus ins *Aischbachtal* gehen. Nach etwa einem halben Kilometer müssen wir nach rechts und kurze Frist später über ein Brückchen. Auf dessen anderer Seite geht es bergauf bis zum Waldrand und dann nach links bis zu einer Straße, die wir überqueren. Auf der anderen Seite führt der Weg zuerst am Waldrand entlang und dann in den Wald hinein. Erst wenn der Weg in einen anderen mündet, ändert sich die Marschrichtung nach links. Hier steigt der Weg immer weiter an, und wir wechseln das Wanderzeichen erst, wenn der sichtlich höchste Punkt erreicht ist: ab hier ist der blaue Balken zuständig (er zeigt nach links).

Nach 200 Metern überqueren wir nach rechts eine Bahnlinie und wenden uns sofort nach links, bis sich der Wanderweg einer Straße nähert, der er noch für etwa hundert Meter nach links parallel folgt.

Auf der anderen Seite geht es dann bei einem Wanderparkplatz immer geradeaus, bis der Weg einen Rechtsbogen macht und ins Tal hinab führt. Dort stoßen wir auf einen Querweg, dem wir nach links folgen. Wo er sich gabelt, gehen wir geradeaus dem Radwanderweg nach, bis wir der gelb-blauen Raute des Schwarzwaldvereins begegnen, die uns nach links aus dem Wald hinaus schickt. Hier gehen wir am Waldrand entlang, bis bei einem Hochspannungsmast ein Weg nach rechts zum ehemaligen *Schloß Mauren* abzweigt.

Nach der Kirche kommen wir zu einer Durchgangsstraße, gehen kurz nach rechts auf ihr und unmittelbar am Ortsende mit dem blauen Balken bergab. Wenn das Sträßchen nach dieser Senke wieder angestiegen ist, führt uns der Weg nach rechts in den Wald hinein (blauer Balken). Bei einer Wegspinne angelangt, gehen wir über deren Mitte hinweg, dann nach links leicht bergauf und sofort wieder nach rechts. Sobald der Weg in einen anderen mündet, wenden wir uns nach rechts und an der übernächsten Kreuzung wieder nach links – bis zu einer Einmündung, an der das Wanderzeichen auf den roten Balken und die Richtung auf rechts wechselt. An der nächsten Einmündung müssen wir dann nach links und nach einiger Zeit nach rechts unter der Autobahn hindurch.

Steinenbronn

Waldenbuch

Kirche

Haltestelle

B 27

1 km

0

N

Rohnwiesensee

Obere Rauhmühle

Obere Untere

Laubach

Obere Sägmühle

Faulbach

Weiler Berg

Segelbach

Reishalde

Rotes Kleb

Laubach

Totenbachmühle

Totenbach

Weil im Schönbuch

Schönaich

Neuweiler

Happach

Breitensteiner Pfad

Bührleshau

428 m

Aich

Holz-
gerlingen

Breitenstein

Aischbach

Hungerberg

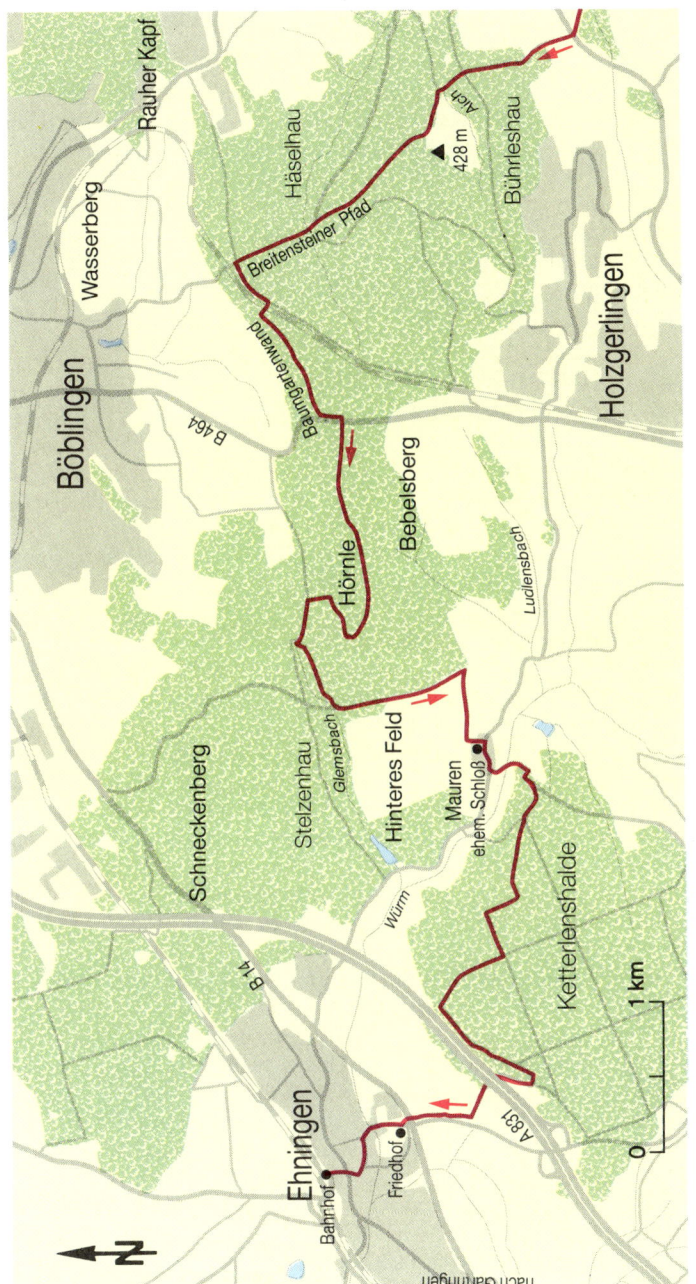

N

Rauher Kapf

Wasserberg

Böblingen

Häselhau

Breitensteiner Pfad

428 m

Aich

Bührleshau

Holzgerlingen

B 464

Baumgartenwand

Hörnle

Bebelsberg

Ludiensbach

Schneckenberg

Stelzenhau

Glemsbach

Hinteres Feld

Mauren

ehem. Schloß

Würm

Ketterlenshalde

B 14

A 831

Ehningen

Bahnhof

Friedhof

1 km

0

nach Gärtringen

An der Straße angekommen, gehen wir auf einem Gehweg nach rechts bis zur nächsten Kreuzung und dort auf der anderen Seite rechts am *Friedhof Ehningen* vorbei in die *Schloßstraße*. Nach dem Schloß und jenseits eines Bächleins führt sie nach links weiter, bis sie bei der Kirche auf die *Hildrizhausener Straße* trifft, der wir kurz nach rechts folgen und dann geradeaus weiter den Berg hinauf in die *Dagersheimer Straße* kommen. An deren Ende bringt uns dann die *Bahnhofstraße* nach rechts zum *Bahnhof Ehningen*, DB-Strecke 740 (Gäubahn), RBS-Buslinie 7945 (außerhalb des VVS-Tarifgebiets).

5 Ehningen – Wurmtal – Weil der Stadt

Verkehrsmöglichkeiten Bahnhof Ehningen, DB-Strecke 740 (Gäubahn), beziehungsweise Ehningen Schillerstraße der RBS-Buslinie 7945 (außerhalb des VVS-Tarifgebiets).
Wegmarkierungen Teilweise unmarkiert, roter Balken.
Tourenlänge 15 Kilometer.
Wanderzeit 4 Stunden.
Höhenunterschiede 150 Meter.
Wanderkarte Stuttgart und Umgebung (TK 50 SAV, Blatt 14).
Wissenswertes In der *Heimatstube Ehningen* spiegelt sich bäuerliches Wohnen um das Jahr 1900 wider. – Im Dachgeschoß des *Malteserschlosses Dätzingen* können handwerkliche Maschinen und bäuerliche Geräte bedient werden. – Aus *Weil der Stadt* stammen der Astronom Johannes Kepler (1571–1630), an den ein Denkmal und ein Museum erinnern, und Württembergs Reformator Johannes Brenz (1499–1570), dessen Geburtshaus in der »Renninger Vorstadt« steht. Sehenswert sind auch das Stadtmuseum, die katholische Stadtpfarrkirche und die Heilig-Kreuz-Kapelle.
Tourenbeschreibung (Wenn wir mit dem Bus angekommen sind, gehen wir Richtung Bahnhof, der bei der Ankunft aus Böblingen rechts über eine Seitenstraße zu erreichen ist.)
Unser Wanderweg führt zunächst entlang der Bahngleise in Richtung Herrenberg. Wenn die *Bahnhofstraße* in die *Dagersheimer Straße* mündet, gehen wir nach rechts und über die Eisenbahnbrücke. Auf der anderen Seite lenken wir unsere Schritte nach links auf ein Anliegersträßchen (mit dem roten Balken des Albvereins). An dessen Ende überqueren wir eine Straße, marschieren auf der anderen Seite geradeaus und gehen bei der ersten Kreuzung nach links bis zum Wald, wo wir sofort

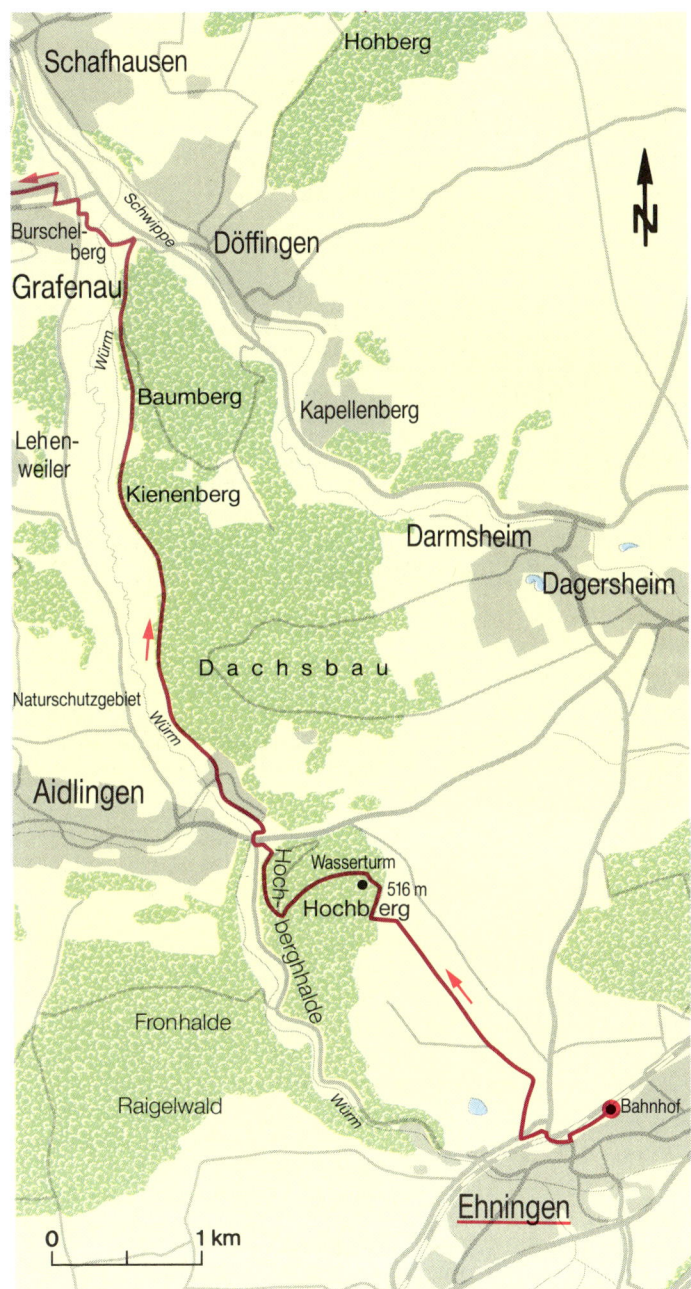

Schafhausen

Hohberg

Döffingen

Schwippe

Burschel-
berg

Grafenau

Würm

Baumberg

Kapellenberg

Lehen-
weiler

Kienenberg

Darmsheim

Dagersheim

D a c h s b a u

Naturschutzgebiet

Würm

Aidlingen

Hoch-
berghalde

Wasserturm

516 m

Hochberg

Fronhalde

Würm

Bahnhof

Raigelwald

Ehningen

0   1 km

rechts müssen. Wenn der Weg in einen anderen mündet, gehen
wir nach links und 20 Meter später nach rechts (wobei wir einen
Wasserturm linker Hand liegen lassen). Weitere 50 Meter später
heißt die Richtung wieder »links«. Dieser Weg senkt sich und
mündet in einen Schotterweg, den wir nur kurz nach rechts benutzen und dann nach links dem Wanderzeichen folgen. Wenn
der Waldweg auf ein Teersträßchen trifft, schickt uns das Zeichen nach rechts. Nach hundert Metern müssen wir gut aufpassen: hier müssen wir nach links aus dem Wald hinaus und über
eine Wiese zu einer Straße, der wir 10 Meter nach rechts folgen
und dann die nächste Kreuzung überqueren. Auf der anderen
Seite weist uns das Zeichen wieder nach rechts und sofort nach
links.

Am Rand einer Siedlung erreichen wir die nächste Kreuzung
und bleiben hier mehr oder minder geradeaus auf der Straße
Würmhalde. Nach etwa 3 Kilometern kommen wir zur Siedlung

Burschelberg, wo wir nach links über die *Würm,* dann sofort nach rechts und wieder nach links leicht bergauf müssen. Bald überqueren wir eine Straße und halten uns gleich wieder nach rechts. Nach 200 Metern kreuzen wir die nächste Straße und folgen in Dätzingen der *Sonnenbergstraße,* von der schon bald nach links die *Kirchstraße* abzweigt. Nach der Kirche folgen wir der Ortsdurchfahrt nur kurz nach rechts und wandern wieder nach rechts bergauf dem Wanderzeichen nach aus dem Ort hinaus. Hier überqueren wir zunächst die Bahnlinie und folgen dann dem roten Balken nach rechts. Kurz vor einem Fernsehumsetzer gehen wir nach rechts in den Wald hinein. Nachdem sich der Weg einige Zeit gesenkt hat, stößt er auf einen anderen – und unsere Marschrichtung ändert sich nach links. Wir passieren den früheren Bahnhof von Schafhausen, überqueren wir ein Fahrsträßchen und benutzen das *Steckentalsträßle.* Wenn sich der Weg gabelt, nehmen wir den rechten Ast und halten uns immer auf diesem leicht nachvollziehbaren Weg, der sich nach einiger Zeit ins Tal senkt.

Bei der nächsten Straße halten wir uns weiter auf einem Fußpfad geradeaus der Bahnlinie entlang – aber bei der nächsten Möglichkeit gehen wir unter ihr hindurch und halten uns ein Stück links entlang der Straße nach Stuttgart. An der Bushaltestelle *Grabenstraße* entscheiden wir uns für einen Abstecher nach rechts in den schönen Stadtkern. Bei der ersten Möglichkeit nach dem Stadttor lenken wir unsere Schritte nach links und

Zu Tour 5, 43 **Weil der Stadt** (Foto: Ulrich Schnabel)

am linken Rand des *Marktplatzes* geradeaus in die *Pforzheimer Straße*. Nach Überquerung der nächsten großen Kreuzung können wir nach rechts den *Bahnhof Weil der Stadt* (S-Bahn-Linie S 6) erreichen.

 Rund um Rutesheim nach Leonberg

Verkehrsmöglichkeiten Bahnhof Rutesheim der S-Bahn-Linie S 6.

Wegmarkierungen Teilweise unmarkiert, blauer Balken, gelb-blaue Raute, rote Eule, blauer Punkt.

Tourenlänge 16 Kilometer.

Wanderzeit 4½ Stunden.

Höhenunterschiede 150 Meter.

Wanderkarte Stuttgart und Umgebung (TK 50 SAV, Blatt 14).

Wissenswertes Die Landschaft um *Rutesheim* ist waldreich und durch ein ausgezeichnetes Wegenetz erschlossen. Ein Grillplatz und ein Abenteuerspielplatz sorgen während dieser Tour für Attraktionen für Kinder. – In *Leonberg* lohnt sich besonders ein Gang durch den Altstadtkern rund um den Marktplatz mit dem Marktbrunnen (mit Standbild von Herzog Christoph), dem alten Rathaus aus dem Jahr 1462 (mit Stadtmuseum), dem »Schwarzen Adler« (Tagungsort des ersten württembergischen Landtags), der Stadtkirche mit ihrem romanischen Mittelschiff und dem Schloß mit seinem Pomeranzengarten.

Tourenbeschreibung Wir verlassen den Bahnhof auf der Seite, auf der die Gleise in Richtung Weil der Stadt führen, gehen nach links an der Bushaltestelle vorbei und nur 10 Meter danach wieder nach links an einem Transformatorenhäuschen vorbei bergauf. Wenn wir nach 50 Metern im Wald die Höhe erreicht haben, wenden wir uns mit dem blauen Balken des Albvereins nach rechts, und zwar bis wir nach rund einem Kilometer auf eine Forstbaumschule mit einigen Häuschen stoßen. Hier schickt uns das Wanderzeichen erneut nach rechts und nach einem weiteren Kilometer über eine Straße. Auch hier halten wir uns weiter geradeaus und nach einer kleinen Steigung folgen wir kurzzeitig der gelb-blauen Raute des Schwarzwaldvereins.

Wo der Weg bei einer Wegspinne in einen anderen mündet, wählen wir den linken Ast weiter leicht bergauf und kurz darauf sind wir wieder vor dieselbe Entscheidung gestellt: bei einer Feuerstelle kehren wir zum blauen Balken zurück und gehen ge-

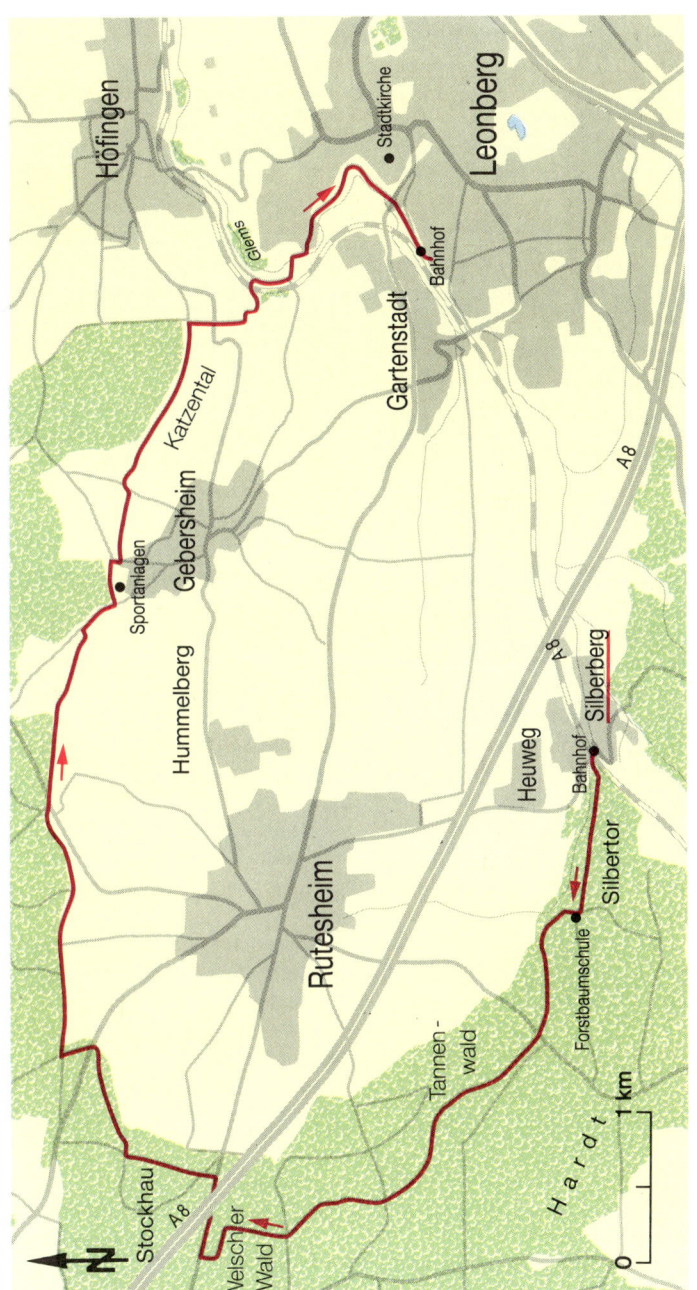

Höfingen

Leonberg

Stadtkirche

Glems

Bahnhof

Katzental

Gartenstadt

Gebersheim

A 8

Sportanlagen

Silberberg

Hummelberg

A 8

Heuweg

Bahnhof

Silbertor

Rutesheim

Forstbaumschule

Tannen-
wald

Stockhau

H a r d t

A 8

Welscher
Wald

N

1 km

0

radeaus in den *Waldhüttenweg,* der uns nach einem Links- und einem Rechtsbogen zu einer Straße bringt.

Wir überqueren sie und lenken unsere Schritte auf der anderen Seite nach rechts und kurze Zeit später über eine Autobahnbrücke. Nach etwa 150 Metern kommen wir zum Ende des Waldes, wo wir kurz vor einem Wanderparkplatz wieder scharf nach links in den Wald hineingehen. 100 Meter weiter beschreibt der Weg einen Rechtsbogen und steigt dann an. Bei der nächsten Kreuzung ist unsere Aufmerksamkeit gefordert: am Zusammentreffen der Waldteile *Lerchenberg* und *Flachter Tor* zweigt nach rechts ein mit einer roten Eule markierter Weg ab. Er führt uns zu einer Straße, die wir erneut nur überqueren. Es geht nun 150 Meter am Waldrand entlang, bis uns die gelb-blaue Raute nach rechts schickt (abermals am Waldrand entlang). Kurz vor einer Straße weist uns das Zeichen nach links in den Wald hinein, doch nach 150 Metern sehen wir die Autostraße. Wir gehen über sie hinweg und dann erneut geradeaus weiter. Bei einem Spielplatz stoßen wir auf einen Querweg, dem wir uns nach rechts anschließen. Nach 200 Metern biegt direkt am Waldrand die Straße *An der hohlen Eiche* nach links an den Sportanlagen von *Gebersheim* vorbei ab.

An der Kreuzung nach dem Sportgelände richten wir uns nach rechts und nur 30 Meter weiter nach links übers Feld, wobei wir an der nächsten Einmündung nach links und dann sofort wieder nach rechts gehen. Kurz vor einem Wanderparkplatz treffen wir auf einen Weg, der mit dem blauen Punkt des Albvereins nach rechts bergab zu einer Straße führt. Hier heißt es kurz »links« und schon 30 Meter weiter »rechts« und dann im Zickzack durch eine Kleingartensiedlung, wobei wir gut aufpassen müssen: kurz nachdem sich der Weg verengt hat, müssen wir über einen Treppenpfad nach rechts steil bergab. Schon bald kommen wir unter den Bahngleisen hindurch und dann sofort nach rechts und immer diesem Weg entlang nach *Leonberg.* Bei der ersten markanten Kreuzung wählen wir schräg gegenüber die *Mühlstraße* bergauf zum *Bahnhof Leonberg* (S-Bahn-Linie S 6; SSB-Buslinien 92, 93; Kappus-Buslinie 632; Wöhr-Tours-Buslinie 633, 634; WEG-Buslinie 651; SEITTER-Buslinien 652, 654.

7 Höfingen – Stättehof – Schöckingen

Verkehrsmöglichkeiten Bahnhof Höfingen der S-Bahn-Linie S 6.

Wegmarkierungen Teilweise unmarkiert, blauer Balken, blauer Punkt.

Tourenlänge 10 Kilometer. **Wanderzeit** 2½ Stunden.

Höhenunterschiede 100 Meter.

Wanderkarte Stuttgart und Umgebung (TK 50 SAV, Blatt 14).

Wissenswertes Die Laurentius-Kirche von *Höfingen* weist zwei Stilepochen auf: Turm und Chor stammen aus dem 15. Jahrhundert, Schiff und Anbau aus den Jahren 1930/31. Das alte Rathaus beherbergte bis ins 19. Jahrhundert eine Kelter. – Der Ortskern von *Schöckingen* wurde vorbildlich saniert. Glanzpunkte sind unter anderem die Mauritiuskirche und das Renais-

sance-Pfarrhaus sowie das frühere Wasserschloß mit seinen me-
terdicken Grundmauern.

Tourenbeschreibung Vom Bahnhof aus gehen wir bergauf zum
Ortsrand von *Höfingen* und dann mit dem blauen Balken des
Albvereins die *Felsgartenstraße* weiter nach oben, bis nach rechts
die *Schillerstraße* zur Ortsdurchfahrt abzweigt. Dort oben wandern wir nach links an der Kirche vorbei, bis die Hauptverkehrsstraße einen leichten Linksbogen beschreibt. Wir gehen aber geradeaus in die *Lachentorstraße*. Sie bringt uns aus dem Ort hinaus und geht dann in einen Feldweg über, dem wir immer auf
der Höhe zum Wald folgen. Schon 10 Meter nach dessen Beginn
richten wir unsere Schritte nach rechts und wechseln das Wanderzeichen auf den blauen Punkt. Diese Markierung ist von großer Wichtigkeit, denn sie führt uns auf einem nicht immer leicht
erkennbaren Weg.

Wenn wir auf einem befestigten Weg wieder aus dem Wald
hinaustreten, halten wir uns immer geradeaus über Feldwege
und erreichen den *Stättehof,* wo der nächste Wanderzeichen-
wechsel bevorsteht: hier schickt uns die blau-gelbe Raute nach
rechts bis zum Ende des Hofes und an der dortigen Gabelung
nach links. 100 Meter weiter müssen wir auf einen Feldweg nach
rechts und sofort wieder nach links auf einen Wiesenweg, der
nach einiger Zeit in eine Teerstraße entlang eines großen Stein-
bruchs übergeht. Dieser folgen wir bis zu einer Einmündung.

(Foto: Ulrich Schnabel)

Dort überqueren wir die Straße und wenden uns nach rechts bis zur nächsten Straße, der wir uns für 100 Meter nach links anschließen, bis dann ein Feldweg erneut nach links abbiegt. Auf ihm wandern wir, bis nach etwa 200 Metern nach rechts wiederum ein Asphaltweg führt. Das nächste markante Zeichen ist ein Brückchen, das den Bach überquert, neben dem wir einige Zeit marschiert sind. Wir benutzen es und können auf diesem Weg zunächst bergauf und dann zum Ortsrand von *Schöckingen* kommen. Der Weg durch die Ortschaft führt zunächst geradeaus und durch den *Lehrenweg,* dann nach rechts durch die *Waldstraße* und schließlich wieder nach links über die *Ritterstraße* zur Haltestelle *Schöckingen Schloß* der RBS-Buslinie 7939 und WEG-Buslinie 620 (ab Ditzingen, bis Ditzingen S-Bahn-Linie S 6).

8 Schöckingen – Glemstal – Schwieberdingen – Markgröningen

Verkehrsmöglichkeiten Haltestelle Schöckingen Schloß der RBS-Buslinie 7939 (ab Ditzingen, bis Ditzingen S-Bahn-Linie S 6).
Wegmarkierungen Teilweise unmarkiert, blaues Kreuz.
Tourenlänge 12 Kilometer.
Wanderzeit Etwa 3½ Stunden.
Höhenunterschiede 100 Meter.
Wanderkarte Stuttgart und Umgebung (TK 50 SAV, Blatt 14).
Wissenswertes *Schöckingen* siehe Tour 7. – Die *Nippenburg* ist die älteste Burgruine im Großraum Stuttgart (sie wurde 1160 erstmals erwähnt). – *Schwieberdingen* wird von einer Wehrkirche aus dem 14. und 15. Jahrhundert, der Georgskirche, beherrscht. – Die Altstadt von *Markgröningen* besticht durch ihren Gesamteindruck, zu dem das Rathaus (ein Musterbeispiel schwäbischer Zimmermannskunst) und die Bartholomäuskirche mit ihren beiden Türmen (einer davon war der städtische Wachturm), dem Chorgestühl aus dem 14. Jahrhundert und den Wandmalereien aus dem 14. und 15. Jahrhundert wesentlich beitragen.
Tourenbeschreibung Von der Haltestelle aus orientieren wir uns an der Kirche, wo wir nach links in die *Ludwigsburger Straße* einbiegen. Am Ende des Ortes zweigt nach rechts ein Sträßchen zum Friedhof ab, von dem nur 150 Meter weiter ein Feldweg nach links führt. Wo er in einen anderen mündet, gehen wir nach rechts, beschreiten kurze Zeit später einen Linksbogen – genau wie nach etwa 400 Metern, wenn wir die *Glems*

N

Talhausen   Bracken

Roll

Markgröningen

Pulverdingen   Aichholzhof

Haltestelle

Schießmauer

Raisershaus   Steinbruch

Obere Mühle

Schönbühlhof   Knollenberg

Hummelbrunnen

Felsenberg

Neumühle

Huttenbacher
Grund   Kirche

Riexinger Höhe   Schwieberdingen

Heimberg

Glems

Hemmingen

Katzenloch

Schloß
Nippenburg

Sägmühle   Glems

Krummes
Land   Heupfadäcker   Münchingen

Schöckingen

Mauer

Haltestelle   Talmühle   M a u r e n e r

Kirche   Glems   F e l d   Strohberg

0   1 km

Hirschlanden

überquert haben. Nach der *Talmühle* überqueren wir eine Straße und folgen ihr nach rechts auf einem Gehweg, bis wir kurze Zeit nach einer Brücke nach links und nur 100 Meter weiter wieder nach links müssen.

Kurz nach der *Glemsmühle* schwenkt der Weg nach rechts. Wenn wir zu einer Autostraße kommen, wenden wir uns nach rechts und wandern etwa 300 Meter an ihr entlang, bis wir sie nach links wieder mit dem blauen Kreuz in Richtung eines Graswegs zwischen Büschen verlassen, der sich kurze Zeit später als schmaler Fußpfad fortsetzt und sich immer parallel zur Straße bergauf hält. Auf der Höhe lenken wir unsere Schritte nach links auf einem Anliegersträßchen zum *Schloß Nippenburg*. Nach einem Abstecher zur *Burgruine* gehen wir wieder zurück und mitten durch die Schloßanlage dem blauen Kreuz nach.

Bei den ersten Häusern von *Schwieberdingen* wandern wir an der *Stumpenmühle* vorbei mehr oder minder geradeaus, bis wir nach dem *Marktplatz* zu einer großen Kreuzung kommen. Unsere Wanderrichtung ändert sich erst nach einigen Höhenmetern an der Kirche, wo wir nach links über die *Holdergasse* wieder aus dem Ort hinaus ins *Glemstal* gelangen. Entlang ehemaliger Weinberge, die im Wald nur noch schwer mit Hilfe der alten Mauern nachvollziehbar sind, und unter der neuen

Zu Tour 8 **Nippenburg**   (Foto: Ulrich Schnabel)

Schnellbahntrasse der Bundesbahn hindurch, erreichen wir nach etwa einer Stunde die *Obere Mühle* und kurz darauf *Markgröningen,* wo uns zum Schluß der Tour nochmals ein Anstieg bevorsteht. An der zweiten Ampelkreuzung wenden wir uns nach rechts und treffen dort auf die *Haltestelle Markgröningen-Mitte* der RBS-Buslinien 7770 und 7771.

 Markgröningen – Glemstal – Enztal – Bietigheim

Verkehrsmöglichkeiten Haltestelle Markgröningen Mitte der RBS-Buslinien 7768, 7770 und 7771.
Wegmarkierungen Teilweise unmarkiert, blaues Kreuz, roter Balken, blauer Balken.
Tourenlänge 15 Kilometer.
Wanderzeit 4 Stunden.
Höhenunterschiede 50 Meter.
Wanderkarte 1:50000 Blatt L 7120 Stuttgart Nord.
Wissenswertes *Markgröningen* siehe Tour 8. – Ab *Talhausen* präsentiert sich das *Glemstal* voller Idylle. – Die Frauenkirche von *Unterriexingen* stammt aus dem 13. Jahrhundert, das Schloß aus dem frühen 19. Jahrhundert. – Das *Enztal* besticht auf der Strecke zwischen Unterriexingen und Bissingen durch seine Naturnähe. – In der Altstadt von *Bietigheim* stehen schöne Fachwerkhäuser – das bekannteste davon ist das mit dem »Europa Nostra«-Preis ausgezeichnete Hornmoldhaus aus den Jahren 1535/36 mit seiner fast vollständig erhaltenen Innenausmalung aus der Renaissance.
Tourenbeschreibung Unser erstes Ziel ist die Innenstadt von Markgröningen. Über die Straße *Ostertor* können wir die Fußgängerzone und den *Marktplatz* erreichen, wo wir uns nach links an der Kirche vorbei wieder aus dem autofreien Bereich hinausbegeben. Schon nach kurzem zweigt nach rechts leicht bergab die *Mühlgasse* ab, die uns zur Umgehung des Orts, der *Vaihinger Straße,* leitet, der wir nach rechts bergab folgen.

Im Tal richten wir unsere Schritte mit dem blauen Kreuz des Albvereins sofort nach rechts, wandern 2 Kilometer immer geradeaus und kommen zum Weiler *Talhausen.* Hier müssen wir zuerst nach links über die *Glems* hinweg und dann sofort nach rechts in den *Glemsweg.* Dieser Weg bringt uns nach 3 Kilometern nach *Unterriexingen.*

Wo er in einen anderen mündet, gehen wir nach links. Wenn wir auf die Ortsdurchfahrt stoßen, wenden wir uns wieder nach

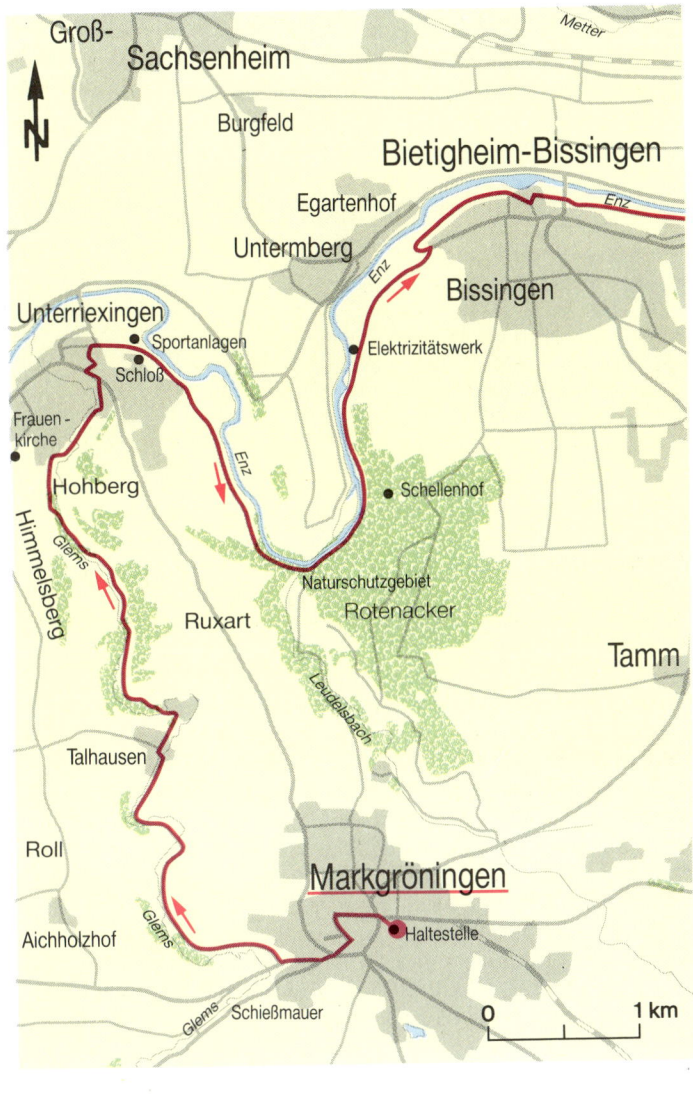

Groß-
Sachsenheim

Metter

N

Burgfeld

Bietigheim-Bissingen

Egartenhof

Enz

Untermberg

Enz

Bissingen

Unterriexingen

Sportanlagen

Schloß

Elektrizitätswerk

Frauen-
kirche

Hohberg

Enz

Himmelsberg

Glems

Schellenhof

Naturschutzgebiet

Ruxart

Rotenacker

Tamm

Leudelsbach

Talhausen

Roll

Glems

Markgröningen

Aichholzhof

Haltestelle

Glems   Schießmauer

0   1 km

links. 80 Meter später können wir nach rechts in die *Schloßpark-straße* und kurze Zeit später nach links immer an der Mauer um den Schloßpark entlang bis zu den *Sportanlagen*. Dort wechseln wir das Wanderzeichen auf den roten Balken und folgen der *Enz* bis zu einem schönen Biotop an einem Flußknie, wo bei einer kleinen Waldschenke unser Weg nach rechts 150 Meter bergauf führt. Dann schickt uns der blaue Balken nach links und über eine Strecke von 2 Kilometern zum Ortsrand von *Bissingen*.

Hier halten wir uns zunächst geradeaus, dann scharf nach links in die *Flößerstraße,* die einen Rechtsbogen macht und weiter am Ortsrand verläuft. Hier ändern wir unsere Richtung nicht, bis wir bei einer großen Mühle ankommen, hinter der wir nach links auf einen Geh- und Radweg können, der sich wieder der Enz nähert. Vor einer Brücke lenken wir unsere Schritte erst nach links und dann unter unter der Brücke hindurch. Dieser Weg bringt uns nach *Bietigheim*. Gleich bei den ersten Häusern müssen wir nach rechts bergauf in die *Wohbachstraße*, an deren Ende wir durch eine Unterführung direkt zum *Bahnhof Bietig-heim* (S-Bahn-Linie S 5) gelangen.

10 Bietigheim – Freiberg – Benningen

Verkehrsmöglichkeiten Bahnhof Bietigheim der S-Bahn-Linie S 5.

Wegmarkierungen Teilweise unmarkiert, rotes Kreuz, roter Balken.

Tourenlänge 10 Kilometer. **Wanderzeit** 2½ Stunden. **Höhenunterschiede** 80 Meter.

Wanderkarte 1:50000 Blatt L 7120 Stuttgart Nord.

Wissenswertes *Bietigheim* siehe Tour 9. – Das romantische *Freiberg* hat fünf Schlösser und drei alte Kirchen. – In *Benningen* gibt es eine Reihe schöner Fachwerkhäuser.

Tourenbeschreibung Wir verlassen den Bahnhof über die Park-and-Ride-Anlage und überqueren dann die vierspurige Bundesstraße. Sofort danach gehen wir nach links bis zur nächsten großen Kreuzung, wo wir der Straße nach Freiberg nach rechts folgen. Das rote Kreuz des Albvereins bringt uns bis zu der Stelle, wo links der Straße die Bebauung aufhört. Hier wenden wir unsere Schritte nach links am Rande des *Brandholzwaldes* entlang, bis wir am *Robinsonspielplatz* vorbei zu einem Wanderparkplatz kommen.

Dort wechseln wir das Wanderzeichen und bleiben mit dem roten Balken des Hauptwanderwegs 10 des Albvereins geradeaus (immer am unmittelbaren Waldrand). Wenn der Wald aufhört, gehen wir etwa 50 Meter in die Felder hinein, dann nach

Zu Tour 9, 10 **Bietigheim** (Foto: Ulrich Schnabel)

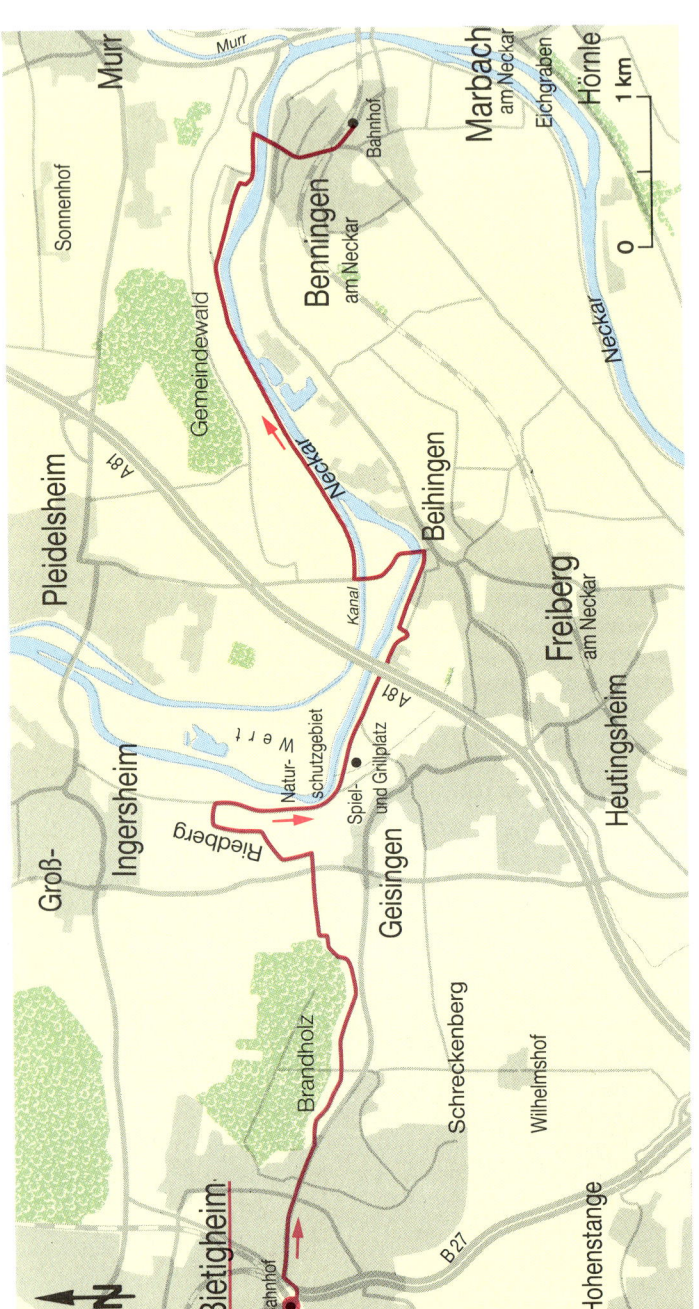

Murr

Murr

Marbach
am Neckar

Hörnle

1 km

Bahnhof

Eichgraben

Benningen
am Neckar

Sonnenhof

0

Neckar

Gemeindewald

Neckar

Pleidelsheim

A 81

Beihingen

Freiberg
am Neckar

Kanal

Heutingsheim

A 81

Wert

Natur-
schutzgebiet

Ingersheim

Geisingen

Spiel-
und Grillplatz

Groß-

Riedberg

Schreckenberg

Wilhelmshof

Brandholz

Hohenstange

Bietigheim

B 27

Bahnhof

N

Zu Tour 9, 10 **Bietigheim**　　　　　　　　　　(Foto: Ulrich Schnabel)

links und bei der nächsten Möglichkeit 30 Meter weiter sofort
wieder nach rechts. Nach etwa 300 Metern überqueren wir eine
Straße und marschieren noch 100 Meter weiter, bis unser Weg in
einen anderen mündet. Dort lenken wir unsere Schritte nach
links und nur 200 Meter weiter wieder nach rechts.

Nach etwa 400 Metern auf der Höhe heißt es aufpassen: der
rote Balken schickt uns auf einen schwer erkennbaren Pfad steil
bergab ins *Neckartal*. Unten angelangt geht es auf einem geteerten Weg nach rechts. Schon nach kurzer Zeit ist der Neckar
unser Begleiter. Wir halten uns (zum Beispiel schon bei der
nächsten Gabelung) an den Weg, der unmittelbar am Fluß verläuft. Da stoßen wir schon binnen kurzem rechter Hand auf
einen wunderschönen Spielplatz mit Grillstelle. 300 Meter weiter gehen wir unter der Autobahn hindurch und danach auf
einem Fußweg immer geradeaus bis zur nächsten Neckarbrücke
am Rande von *Freiberg*. Diese überqueren wir nach links und
gehen geradeaus weiter, bis wir uns nach einer zweiten Brücke
sofort (ohne Wanderzeichen) nach rechts wenden. Bald hat uns
das Neckarufer wieder, wo wir auch weiterhin bleiben, bis wir
etwa 300 Meter nach einer Kiesmischanlage erneut auf eine
Brücke stoßen, über die wir nach rechts nach *Benningen* gelangen. Auf der *Ludwigsburger Straße* wandern wir immer geradeaus bergauf, bis wir unter der Bahnlinie hindurchgegangen sind.
Dann zweigt die *Bahnhofstraße* nach links ab, über die wir
schnell beim Bahnhof (S-Bahn-Linie S 4) ankommen.

11 Benningen – Marbach – Lemberg – Schwaikheim

Verkehrsmöglichkeiten Bahnhof Benningen der S-Bahn-Linie S 4.
Wegmarkierungen Teilweise unmarkiert, roter Balken, roter Punkt.
Tourenlänge 14 Kilometer.
Wanderzeit 4 Stunden.
Höhenunterschiede 200 Meter.
Wanderkarte Stuttgart und Umgebung (TK 50 SAV, Blatt 14).
Wissenswertes *Marbach* besticht durch seine romantische Altstadt mit ihren winkligen Gassen, aber auch durch seine Bedeutung für die deutsche Literaturgeschichte. Im Geburtshaus Friedrich Schillers kann man die eher kärglichen Lebensverhältnisse der Familie des großen Dichters nachvollziehen, im Schiller-Nationalmuseum widmet man sich der deutschen Dichtung zwischen der Mitte des 18. und der Mitte des 20. Jahrhunderts. – Vom *Lemberg* (auf der einen Seite mit Wald, auf der anderen mit Reben bewachsen) bietet sich ein herrlicher Ausblick auf das Land.
Tourenbeschreibung Wir gehen entlang der Bahngleise Richtung Marbach, kommen ins *Neckartal* und gelangen über eine hölzerne Brücke nach *Marbach.* Am Ortsrand überqueren wir an einer Ampel die Straße. 200 Meter danach zweigt nach rechts eine Treppe in Richtung *Schillers Geburtshaus* ab, das wir erreichen, wenn wir uns an der nächsten Einmündung beim *Alten Schulhaus* links halten. Wenn wir an dem Platz mit dem *Schillerhaus* ankommen, lenken wir unsere Schritte nach rechts bergauf und dann links durch die *Rosengasse* zur Fußgängerzone, wo wir nach links durch das Stadttor müssen. Wir gehen nach Überqueren einer Kreuzung ein Stück entlang der in Richtung Winnenden führenden *Wildermuthstraße.* Nach 150 Metern biegen wir nach rechts in die *Schubartstraße,* der wir leicht bergan folgen und geradeaus weitergehen, wenn diese Straße einen Knick nach rechts macht. In diese (andere) Richtung müssen wir erst, wenn die *Adalbert-Stifter-Straße* abzweigt, nach der wir eine Straße überqueren und geradeaus an der Schule vorbei wandern, bis der Feldweg auf ein Asphaltsträßchen trifft. Hier heißt es »links«, bis wir an einer Kreuzung 100 Meter vor einer Straße auf einen Weg nach rechts können.

Die nächste Richtungsänderung ist angesagt, wenn wir das Bächlein im *Eichgrund* überquert haben: nach links. Nach 200 Metern geht es wieder auf die andere Seite des Baches, den wir jedoch weiter begleiten, bis der Weg in einen anderen mündet

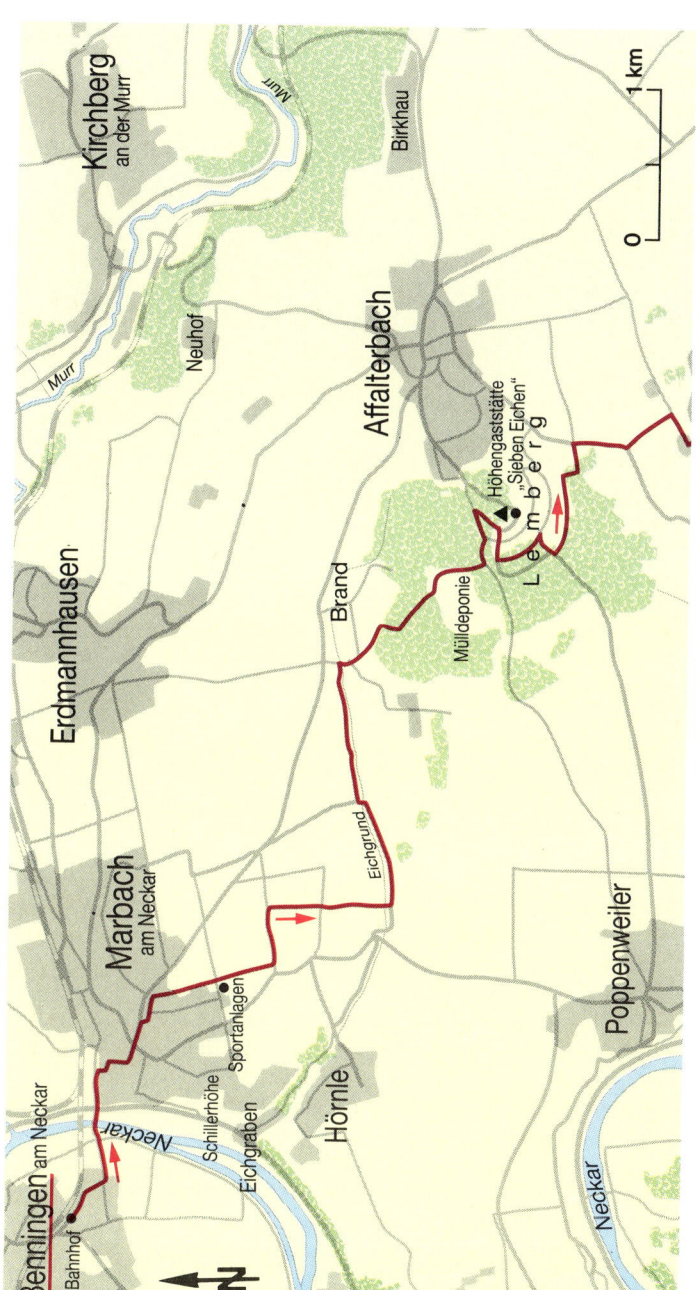

Kirchberg
an der Murr

Murr

Birkhau

Neuhof

Murr

Affalterbach

Höhengaststätte
"Sieben Eichen"

L e m b e r g

Erdmannhausen

Brand

Mülldeponie

Marbach
am Neckar

Eichgrund

Poppenweiler

Sportanlagen

Schillerhöhe

Hörnle

Eichgraben

Neckar

Benningen am Neckar

Bahnhof

Neckar

N

1 km

0

und wir uns mit dem roten Balken des Albvereins nach rechts und bei ersten Möglichkeit wieder nach links wenden. Der Weg steigt und macht einen Rechtsbogen, nach dem wir wieder auf das uns schon bekannte Bächlein treffen und uns nach links leicht bergauf orientieren. Am Waldrand gehen wir kurz nach rechts und dann nach links in den Wald hinein. Bald stehen wir vor dem Zaun der Deponiegasanlage des Landkreises Ludwigs-burg und lenken unsere Schritte nach links an ihm entlang, bis wir auf ein Sträßlein stoßen, das uns bergauf bis zur nächsten Einmündung bringt, wo unser Weg dann derjenige nach links bergauf ist. Schon wieder wartet eine Einmündung auf uns – und ein kurzer Abstecher nach rechts, bevor der rote Balken uns bereits nach 50 Metern auf einen schmalen Pfad nach links bergauf schickt. Wir halten uns hier immer innerhalb des Waldes am Rande des Lembergs bis zur *Höhengaststätte Sieben Eichen,* wo wir nach rechts wieder zurückgehen – diesmal zwischen Weinbergen und Wald.

Dies gilt jedoch nur so lange, bis nach links ein Treppenweg bergab benutzt werden kann. Wenn er im Wald auf einen anderen stößt, wenden wir uns nur kurz nach rechts und dann sofort wieder nach links auf ein Teilstück eines Trimm-Dich-Pfades. Am Ende des Waldes gelangen wir auf einen Schotterweg, dem wir kurz nach rechts folgen, bis wir am Waldrand das Wanderzeichen auf den roten Punkt und die Richtung nach links wechseln.

Dieser Weg mündet dann in eine Straße, auf der wir für etwas mehr als 100 Meter nach rechts entlanggehen, bis bei einer Kurve ein Feldweg nach links bergab führt. An der nächsten Einmündung wartet eine »Rechts-Links-Kombination« (nach links geht's bei einem Bauernhof) auf uns. Kurz vor dem höchsten Punkt einer Steigung gehen wir nach rechts in Richtung Wald. An dessen Rand biegen wir zunächst einmal nach rechts, dann nach links in den Wald hinein, wo nach 200 Metern ein Schotterweg nach links führt.

Hier müssen wir gut aufpassen, denn bald geht der Weg geradeaus auf einen schmaleren und nur schwer erkennbaren Waldpfad über, den wir immer dem Wanderzeichen nach folgen, bis wir auf das freie Feld und zu einer Einmündung kommen. Ein Teerweg führt uns nach rechts und an der nächsten Kreuzung mehr oder minder geradeaus. Der Weg steigt leicht an, und am höchsten Punkt müssen wir nach rechts und sofort wieder nach links am Waldrand entlang. Dort lenken wir unsere Schritte erst nach rechts, dann immer geradeaus und über eine Straße hinweg, bis wir bei einer zweiten Straße ankommen, entlang derer wir nach rechts nach *Schwaikheim* können.

Nach Kirche und Rathaus gehen wir nach links und überqueren auf der *Schulstraße* den Zipfelbach. Hier beginnt zugleich die *Bahnhofstraße,* der wir folgen, bis nach halblinks die *Fritz-Ebert-Straße* direkt zum *Bahnhof Schwaikheim* (S-Bahn-Linie S 3) führt.

12 Schwaikheim – Breuningsweiler – Geradstetten

Verkehrsmöglichkeiten Bahnhof Schwaikheim der S-Bahn-Linie S 3.

Wegmarkierungen Teilweise unmarkiert, grüne Tanne, roter Punkt, blauer Punkt.

Tourenlänge 18 Kilometer.

Wanderzeit 5 Stunden.

Höhenunterschiede 350 Meter.

Wanderkarte Stuttgart und Umgebung (TK 50 SAV, Blatt 14).

Wissenswertes Eine Tour durch Wald und Reben sowie die typischen kleinen Dörfer der *Berglen*. – *Geradstetten* ist ein typisches Weingärtnerdorf, das seine Glanzpunkte in der Kirche von 1491, dem Pfarrhaus von 1746 sowie den beiden Keltern aus dem 18. Jahrhundert hat.

Tourenbeschreibung Wir verlassen den Bahnhof auf der Seite der in Richtung Backnang führenden Gleise und gehen sofort nach links bis zum Ortsausgang. An der nächsten Kreuzung halten wir uns zunächst nach rechts (dem Schild Ortsmitte nach). 30 Meter nach Unterqueren einer Brücke geht es zuerst rechts, dann in einem Linksbogen bergauf. Kurz vor dem höchsten Punkt führt unser Weg nach rechts empor durch eine Kleingartensiedlung bis zu einer Minigolfanlage, nach der wir uns nach rechts wenden, auf einer Brücke die B 14 überqueren und nach rechts bergauf bis zu einer Straße wandern. Über sie gehen wir hinweg und auf der anderen Seite weiter geradeaus bergauf.

Der Weg beschreibt einen Bogen und kommt zu einem Spielplatz, hinter dem wir nach rechts müssen – auf einen Weg, der unter anderem mit einer grünen Tanne gekennzeichnet ist.

Wenn sich ihm von rechts aus dem Tal ein Weg nähert, müssen wir gut aufpassen: hier zweigt nach links ein schmaler Pfad mit dem roten Punkt weiter in den Wald hinein ab. An der nächsten Kreuzung halten wir uns mit dem Wanderzeichen geradeaus bis zum Waldrand, wo wir das Wanderzeichen wechseln: der blaue Punkt bringt uns zwischen Wald und Reben nach *Hanweiler*. Wir umrunden die Kirche, lenken unsere Schritte dann nach 100 Metern beim Gasthof Traube nach rechts bergab in die *Rieslingstraße* und lassen uns von ihr immer geradeaus aus dem Ort hinaus bringen, bis sich der Weg gabelt und wir den linken Ast bergab wählen.

Nach einer Brücke nehmen wir bei der ersten Querstraße den Weg rechts, der uns durch das *Zipfelbachtal* und dann bergauf zum Ortsrand von *Breuningsweiler* führt. Hier stoßen wir auf

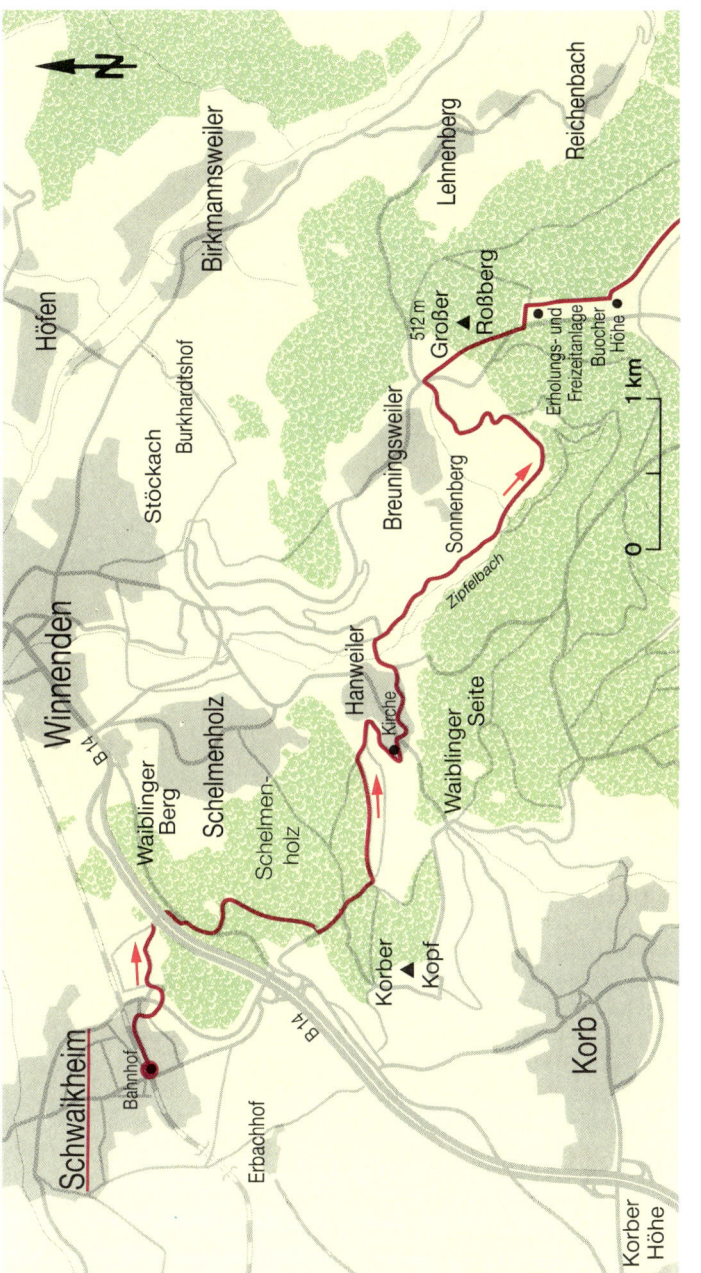

N

Höfen

Birkmannsweiler

Winnenden

Stöckach

Burkhardtshof

Waiblinger Berg

Schelmenholz

Schelmen- holz

B 14

Schwaikheim

Bahnhof

Erbachhof

B 14

Korber Kopf ▲

Korb

Korber Höhe

Hanweiler

Kirche ●

Waiblinger Seite

Breuningsweiler

Sonnenberg

Zipfelbach

Lehnenberg

512 m Großer ▲ Roßberg

Roßberg

Erholungs- und Freizeitanlage Buocher Höhe

Reichenbach

1 km

0

eine Straße, die wir überqueren und weiter nach rechts steil
bergauf gehen.

Nach einiger Zeit gelangen wir zu einem Wanderparkplatz,
wo wir nach links und nach dem Spielplatz der *Erholungs- und
Freizeitanlage Buocher Höhe* wieder nach rechts wandern. Wir
bleiben immer am Waldrand, auch wenn der Wald einen Knick
nach links und gleich wieder nach rechts macht. Bei einer Ge-
denkstätte für die Gefangenen und Vermißten des Krieges führt
der Weg auf das freie Feld, dann wieder zu einem Wald, in den
wir bei einem Spielplatz geradeaus hineingehen (den Spielplatz
lassen wir rechts liegen).

Wir gehen immer geradeaus, bis wir linker Hand eine Tennisanlage entdecken – hier müssen wir jedoch nach rechts auf einen
unmarkierten Forstweg, der uns aus dem Wald hinaus und dann
in Schlingen durch Weinberge und Obstwiesen hinab nach *Geradstetten* leitet. Hier halten wir uns immer geradeaus, bis wir
zur Ortsdurchfahrt kommen, wo es für 50 Meter »rechts« und
dann bei der *Rathausstraße* wieder »links« heißt. Dieser Straße
folgen wir auch unter der B 29 hindurch und über die Rems hinweg, und schon bald entdecken wir etwas links eine Brücke, von
der aus wir den *Bahnhof Geradstetten* (S-Bahn-Linie S 2) erreichen können.

13 Geradstetten – Schnait – Schurwald – Plochingen

Verkehrsmöglichkeiten Bahnhof Geradstetten der S-Bahn-
Linie S 2.
Tourenlänge 19 Kilometer.   **Wanderzeit** 6½ Stunden.
Höhenunterschiede 500 Meter.
Wanderkarte Stuttgart und Umgebung (TK 50 SAV, Blatt 14).
Wissenswertes *Geradstetten* siehe Tour 12. – In *Schnait* gibt es
die Wendelinskirche mit einem berühmten Schnitzaltar der Ul-
mer Schule und das Geburtshaus des schwäbischen Liedkompo-
nisten Friedrich Silcher.
Tourenbeschreibung Wir verlassen den Bahnhof auf der Seite
der in Richtung Schorndorf führenden Gleise und wenden uns in
die *Schönbühlstraße,* der wir folgen, bis sie einen Bogen um eine
Kirche beschreibt und uns weiter bergauf bringt. Auf diesem
leicht nachvollziehbaren Hauptweg, der in Schlangenlinien den
Hang hoch verläuft, bleiben wir, bis in der Nähe des höchsten
Punktes ein Weg nach rechts abzweigt, der uns zum Wasserhochbehälter *Schönbühl* führt. Nach dieser Anlage gehen wir
sofort nach links, überqueren kurz danach eine Straße und
gehen geradeaus bis zur nächsten Einmündung. Hier leitet uns
das rote Kreuz des Albvereins zunächst nach rechts und dann
wieder in Schlingen ins Tal nach *Schnait*.
  Dort gehen wir bis zur Kirche und richten unsere Schritte
nach links in die *Silcherstraße.* An der nächsten Einmündung gehen wir nach links und schon 100 Meter weiter nach rechts in die
Beethovenstraße am alten Backhäusle vorbei. Wo sie in eine andere Straße mündet, müssen wir nach links und 100 Meter weiter wieder nach rechts über eine Brücke in die *Mühlbergstraße*.
Nach 80 Metern kommen wir an einen Weg, der nach rechts steil

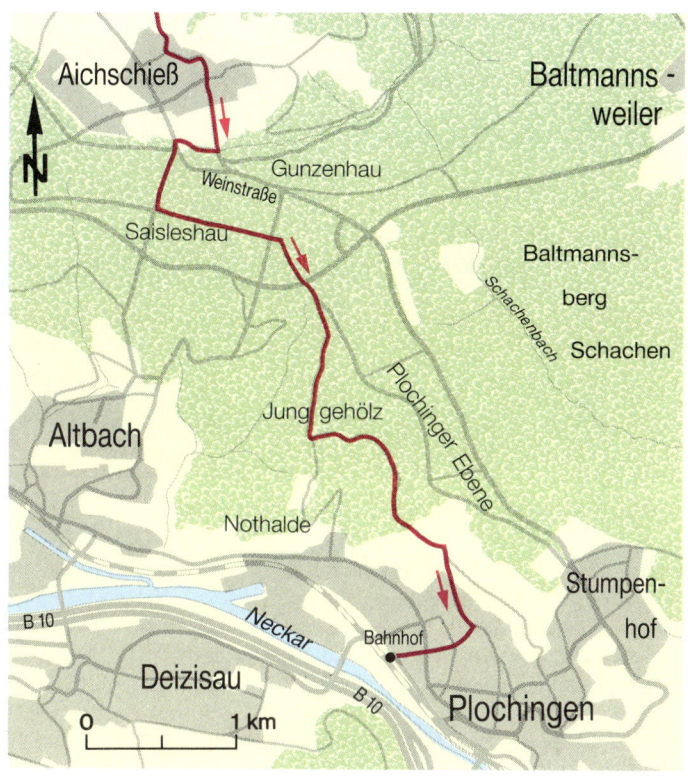

bergauf führt und uns tüchtig ins Schwitzen kommen läßt – aber auch zum Ortsrand von *Aichelberg.*

Mit dem roten Kreuz wandern wir in die *Schnaiter Straße,* dann in einem Rechtsbogen weiter bergauf, bis ziemlich auf der Höhe der *Heckenweg* nach links abzweigt. Ab hier wandern wir mit dem blauen Punkt des Albvereins nach *Krummhardt.*

Am Ortseingang gehen wir mehr oder minder geradeaus in die *Lindenstraße* bis zum Ortszentrum mit dem Kriegerdenkmal, wo wir unsere Schritte nach links zunächst in die *Karlstraße,* dann geradeaus aus dem Ort hinaus lenken. An der nächsten Kreuzung kommen wir nach rechts auf den Weg nach *Aich-schieß.* Wir erreichen den Ort über die *Toblacher Straße,* die nach 50 Metern einen Linksbogen beschreibt. Bei Gebäude Nummer 20 führt ein Fußweg nach links, den wir jedoch nur für 30 Meter benutzen. Dann müssen wir nach rechts auf einen schmalen Pfad, der uns bergauf zur *Kirche* bringt. 50 Meter da-

Zu Tour 13   **Schnait**   (Foto: Ulrich Schnabel)

nach ist ein nur schwer erkennbarer schmaler Fußweg zwischen *Kindergarten* und *Schule* für uns der richtige. Er geht in die *Schulstraße* über. Wenn wir auf einen Querweg stoßen, wandern wir auf der anderen Seite geradeaus weiter über das Feld bis zum Waldrand.

Hier gehen wir nach rechts immer am Waldrand bis zu einem Wanderparkplatz, wo wir kurz nach links und schon 20 Meter weiter nach rechts auf einen Radweg gegenüber gehen, der direkt unter drei Hochspannungsleitungen verläuft.

Dieser Weg steigt an, und kurz nach dem höchsten Punkt schickt uns der rote Balken des Albvereins nach links. Für etwa 800 Meter wandern wir immer geradeaus, bis nach rechts ein Weg mit dem blauen Kreuz führt. Dieses Wanderzeichen befolgen wir jedoch nur, bis wir eine Straße überquert haben. Dann wandern wir an einer Wegspinne geradeaus bergab. Wir bleiben immer auf diesem Weg, bis etwa nach 1 Kilometer der *Untere Balkeshauweg* nach links abzweigt. Er leitet uns in einem Bogen aus dem Wald hinaus zu einer Kleingartensiedlung, wo wir den Weg geradeaus nehmen.

Nach etwa 250 Metern sehen wir einen Asphaltweg scharf nach rechts abzweigen. Er ist für uns jedoch nur insofern interessant, als er uns auf einen schmalen Pfad zwischen Kleingärten aufmerksam macht, der 10 Meter weiter steil in Richtung Tal nach rechts führt. An der nächsten Einmündung geht es nur kurz links und dann sofort wieder nach rechts. Ein abermals ganz schmaler Pfad bringt uns zum Rand der Bebauung von *Plochingen*.

Hier entdecken wir eine Kirche, der wir uns über Fußwege nähern. Kurz davor können wir erneut einen Fußweg bergab nehmen. Durch das Gelände einer Schule kommen wir zu einer Kreuzung und gehen hier geradeaus in die *Hermannstraße* sowie durch eine Unterführung hindurch und weiter geradeaus schnurgerade zum *Bahnhof Plochingen* (S-Bahn-Linie S 1).

14 Degerloch – Fernsehturm – Frauenkopf – Untertürkheim

Verkehrsmöglichkeiten Haltestelle Nägelestraße der Zahnradbahn Marienplatz – Degerloch, SSB-Linie 10.

Wegmarkierungen Teilweise unmarkiert, roter Punkt, blauer Balken, Stuttgarter Rössle, liegendes U.

Tourenlänge 9 Kilometer.

Wanderzeit 2½ Stunden.

Höhenunterschiede 20 Meter.

Wanderkarte Stuttgart und Umgebung (TK 50 SAV, Blatt 14).

Wissenswertes Das Wahrzeichen Stuttgarts, der *Fernsehturm* mit seiner 150 Meter hohen Aussichtsplattform, bietet einen herrlichen Rundblick auf die gesamte Region Stuttgart.

Tourenbeschreibung Ab der Haltestelle gehen wir mit dem blauen Balken des Albvereins leicht bergauf. Am Ende der *Nägelestraße* führt ein Weg in den Wald, und schon nach 20 Metern entscheiden wir uns bei einer Weggabelung für den linken Strang. Schon nach 50 Metern steht wieder ein Richtungswechsel an: wir verlassen das Wanderzeichen und gehen auf einem Schotterweg nach rechts. Wenn wir auf eine Teerstraße stoßen, müssen wir nur kurz nach rechts und dann nach 30 Metern schon wieder nach links weiter in den Wald hinein. Immer geradeaus geht es für etwa 600 Meter, bis wir rechts den Stuttgarter *Fernsehturm* entdecken, der unser erstes Ziel ist.

Ab hier halten wir uns am Zaun entlang, der um den Fernsehturm gezogen ist und gelangen dann zu einer Straße, an der wir für 200 Meter nach rechts entlang gehen. An der nächsten Kreuzung orientieren wir uns an der *Straßenbahnhaltestelle Ruhbank,* bei der wir auf den roten Punkt des Albvereins treffen, der uns über diesen Verkehrsknotenpunkt bringt. Gleich nach 60 Metern gehen wir wieder nach links und machen schon bald einen spürbaren Rechtsbogen bergab.

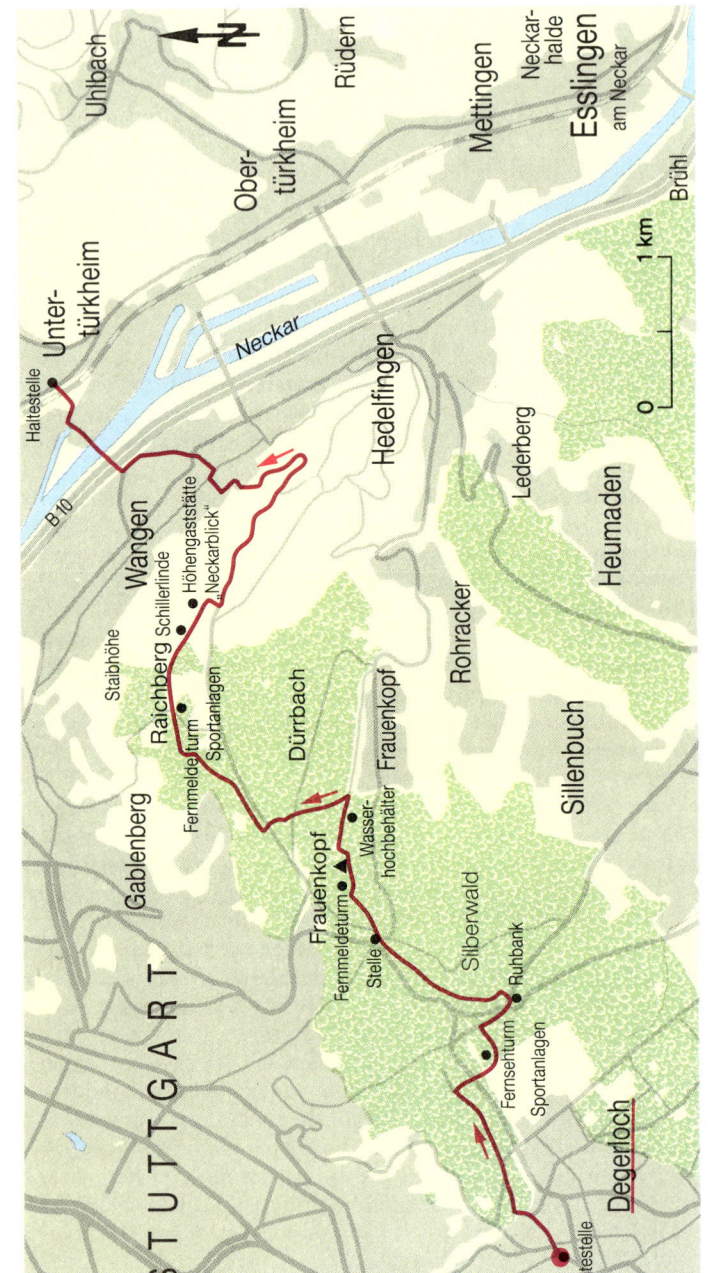

N

Uhlbach

Ober-
türkheim

Rüdern

Mettingen

Neckar-
halde

Esslingen
am Neckar

Brühl

Unter-
türkheim

Haltestelle

B10

Neckar

Hedelfingen

1 km

0

Lederberg

Heumaden

Wangen

Höhengaststätte
„Neckarblick"

Raichberg Schillerlinde

Staibhöhe

Fernmeldeturm
Sportanlagen

Gablenberg

Dürrbach

Frauenkopf

Rohracker

Sillenbuch

Wasser-
hochbehälter

Frauenkopf

Frauenkopf
Fernmeldeturm

Stelle

Silberwald

Ruhbank

STUTTGART

Fernsehturm
Sportanlagen

Degerloch

Haltestelle

Blick auf Stuttgart   (Foto: Ulrich Schnabel)

Nach rund 600 Metern stoßen wir bei der *Straßenbahnhalte-stelle Stelle* wieder auf eine Kreuzung. Wir überqueren die Straße und gehen auf der anderen Seite wieder in den Wald hin-ein, wo sich der Weg sofort gabelt und wir den rechten Ast neh-men. Kurz vor dem *Fernmeldeturm* zweigt nach rechts ein Weg mit dem roten Punkt ab. Wo er auf einen anderen trifft, wenden wir uns nach links und an einem Waldspielplatz nur 50 Meter weiter nach rechts. Hier halten wir uns geradeaus, auch wenn der rote Punkt uns schon kurze Zeit später nach links schicken will. Die Richtungsänderung nach links ist für uns erst angesagt, wenn 100 Meter nach einem Wasserhochbehälter und kurze Zeit vor den ersten Häusern der Frauenkopfsiedlung ein kleiner Weg nach links bergab abzweigt. Ihm folgen wir bis zu einem Wan-derparkplatz, wo wir eine Straße überqueren und nach rechts dem roten Punkt des Albvereins und dem Stuttgarter Rößle fol-gen.

200 Meter weiter gabelt sich dieser Weg wieder. Wir bleiben mit dem roten Punkt auf dem linken Ast. An einem Waldspiel-platz ist wieder unsere Aufmerksamkeit gefordert. Bei einer Wegspinne weist uns der rote Punkt nach halbrechts. An den *Sportanlagen Ebene* geht der Weg aber sofort nach links weiter in den Wald hinein und beim nächsten Querweg nach rechts. Kurze Zeit später können wir nach links über einen Pfad zur *Aussichtsplatte Raichberg* gelangen, die recht verwachsen ist, so

daß wir unsere Schritte schnell weiter nach rechts lenken dürf-
ten. Am Beginn einer Kleingartensiedlung schickt uns das lie-
gende U nach rechts.

Hier bleiben wir immer geradeaus, wobei sich an der *Höhengaststätte Neckarblick* der Weg stark verengt, bevor er in einen
anderen mündet und wir uns rechts und gleich wieder links halten. Ab hier stoßen wir auf keine großen Probleme mehr: wir
bleiben immer auf diesem leicht nachvollziehbaren Weg, der uns
zunächst geradeaus und dann in einem Linksbogen nach *Wangen*
lenkt.

Bei den ersten Häusern dieses Stuttgarter Stadtteils gehen wir
noch für etwa 50 Meter geradeaus, dann rechts über Treppen in
die Gasse *Kirchweinberg* und an deren Ende nach rechts. Hier
ist die nach links abzweigende *Zinkbrunnenstraße* für uns die
richtige. Am *Wangener Marktplatz* müssen wir nach links und
immer der *Wasenstraße* entlang bis zur Stadtbahnhaltestelle, wo
wir uns nach rechts wenden und über eine Brücke B 10 und
Neckar überqueren. Dann sind wir bereits an der *Haltestelle Untertürkheim* der S-Bahn-Linie S 1, der Straßenbahnlinien 4 und
13 und der SSB-Buslinien 60, 61.

Stuttgart, Neues Schloß   (Foto: Ulrich Schnabel)

15 Degerloch – Waldfriedhof

Verkehrsmöglichkeiten Talstation Marienplatz der Zahnrad-bahn nach Degerloch, SSB-Linie 10.
Wegmarkierungen Teilweise unmarkiert, Stuttgarter Rößle.
Tourenlänge 3 Kilometer. **Wanderzeit** 1 Stunde.
Höhenunterschiede Keine.
Wanderkarte Stuttgart und Umgebung (TK 50 SAV, Blatt 14).
Wissenswertes Diese Tour bezieht ihren Reiz aus der Kombi-nation der Verkehrsmittel: bergauf geht es mit der Zahnrad-bahn, bergab mit der Standseilbahn.
Tourenbeschreibung Mit der Zahnradbahn gelangen wir nach beeindruckender Fahrt mit herrlichem Blick auf den Fernseh-turm und den Stuttgarter Talkessel bis zur Endstation in *Deger-loch*. Entlang der *Jahnstraße* gehen wir in Richtung B 27 und überqueren die vierspurige Trasse an einer Ampel. Auf der an-deren Seite wenden wir uns kurz nach links. Schon nach weni-gen Metern zweigt die *Josefstraße* nach rechts ab. Wo der Weg sich gabelt, entscheiden wir uns für die linke Variante und befin-den uns schon bald auf einem schönen Waldweg, der leicht bergab führt (an der ersten Gabelung müssen wir uns rechts hal-ten). Nach rund 300 Metern mündet unser Spazierweg in den Stuttgarter Rundwanderweg ein, dem wir nach links folgen. An einer recht verwirrenden Kreuzung ist er der Garant dafür, daß wir uns nicht verlaufen und am *Dornhaldenfriedhof* vorbei zur

Haltestelle Waldfriedhof der Buslinie 87 der SSB kommen. Jenseits der Hauptstraße befindet sich der Eingang zum *Waldfriedhof,* den wir auf einem der vielen Wege in Richtung Haupteingang durchqueren. Von dort sind es nur noch wenige Meter bis zur Bergstation der *Standseilbahn* (SSB-Linie Seilbahn), die uns zum Abschluß dieses erlebnisreichen Spaziergangs auf nostalgische Weise ins Tal hinunter bringt.

16 Waldfriedhof – Vier Eichen – Pfaffensee – Birkenkopf

Verkehrsmöglichkeiten Bergstation der Seilbahn zum Waldfriedhof (SSB-Linie Seilbahn).
Wegmarkierungen Teilweise unmarkiert, blauer Punkt, blauer Balken, liegendes blaues U.
Tourenlänge 7 Kilometer.
Wanderzeit Etwa 2 Stunden.
Höhenunterschiede Etwa 170 Meter.
Wanderkarte Stuttgart und Umgebung (TK 50 SAV, Blatt 14).
Wissenswertes Der *Pfaffensee* wurde im Jahre 1560 von Württembergs Herzog Christoph angelegt, um die Mühlen im Stuttgarter Nesenbachtal nachhaltig mit Wasser zu versorgen. Heute dient er als Trinkwasserspeichersee.
Tourenbeschreibung Wenn wir die Bergstation der Seilbahn verlassen, müssen wir einen scharfen Rechtsbogen einschlagen und mit dem blauen Punkt des Albvereins bergab gehen. Nach etwa 400 Metern dürfen wir die Abzweigung nach rechts nicht verpassen. Im Zickzack geht es bergab zur *Talstation der Seilbahn,* wo wir nach rechts gehen und kurz vor der *Haltestelle Südheimer Platz* der Stadtbahn Straße und Gleise überqueren. Danach heißt es wieder »links«. 250 Meter später benutzen wir gleich die erste Möglichkeit nach rechts (über einen Treppenweg bergauf), doch wenden wir uns dann gleich wieder nach links. Wenn wir den Wald erreichen, gehen wir etwa 250 Meter durch die *Heldenklinge,* bis am *Christophsbrunnen* eine kleine Brücke unsere Schritte nach links weist. In einer Kleingartensiedlung folgen wir einem Schotterweg nach rechts bergauf und bleiben immer auf ihm.

Wenn wir auf der Höhe angekommen sind, führt er zunächst nach links und bei der ersten Möglichkeit wieder nach rechts auf einer Brücke über die Bahnlinie.

Auf der anderen Seite wählen wir nicht die erste Möglichkeit nach rechts, sondern 20 Meter später die zweite, diesmal mit

Zu Tour 15, 16 **Stuttgart, Waldfriedhof (»Fackelträgerin«), von Adam Josef Zeit-
ler (1912)** (Foto: Ulrich Schnabel)

dem blauen Balken. Dieser Weg schlängelt sich durch den Wald und wendet sich dann bei der *Pfaffenstichhütte* (mit Grillmöglichkeit) nach rechts über die Autobahn hinweg.

Nach etwa 1 Kilometer Geradeaus-Strecke wartet bei den *Vier Eichen* die nächste Grillstelle (mit Spielplatz) auf uns, aber auch eine Abzweigung nach rechts, hinter der der Weg (jetzt ohne Wanderzeichen) steil bis zu einer Straße abfällt. Nach deren Überquerung gehen wir geradeaus in den Wald hinein und auf einem Damm zwischen *Pfaffensee* und *Neuem See* hinweg.

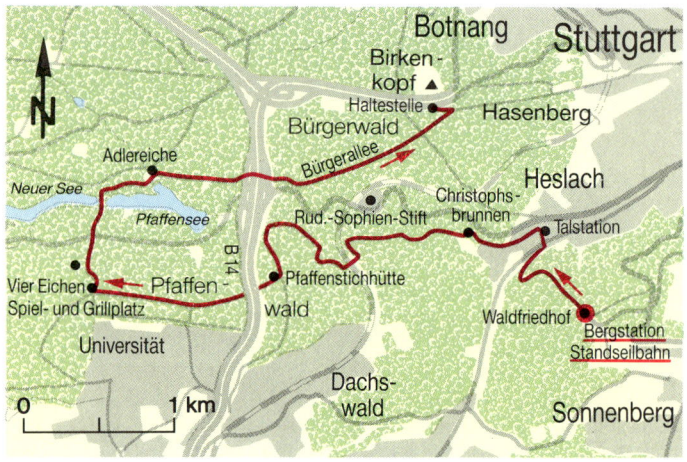

Wenn wir das andere Ufer erreicht haben, wenden wir uns mit dem liegenden blauen U nach rechts. Dieser Weg führt immer dem Pfaffensee entlang, bis er nach einer kleinen Halbinsel und kurz vor der *Adlereiche* auf einen schmalen Weg relativ geradeaus in den Wald hinein übergeht (wenn wir dort Tafeln des Naturlehrpfades sehen, sind wir mit Sicherheit richtig). 150 Meter später treffen wir wieder auf einen Schotterweg, dem wir uns nach rechts anschließen – bis in die Nähe einer großen Straßenkreuzung. An einer Gabelung wählen wir den linken Strang und wandern gleich unter drei Trassen hindurch. Wir bleiben immer auf diesem Weg, der *Bürgerallee*. Nach etwas mehr als 1 Kilometer kommen wir bei einer großen Brunnenanlage an und begeben uns auf einem kleineren Weg nach links bergauf bis zur *Haltestelle Birkenkopf* der SSB-Buslinie 92.

17 Forsthaus I – Bärenschlößle – Solitude

Verkehrsmöglichkeiten   Haltestelle Forsthaus I der SSB-Buslinie 92.
Wegmarkierungen   Rotes Kreuz, roter Punkt.
Tourenlänge   7 Kilometer.   **Wanderzeit**   2 Stunden.
Höhenunterschiede   80 Meter.
Wanderkarte   Stuttgart und Umgebung (TK 50 SAV, Blatt 14).
Wissenswertes   Das *Bärenschlößle* ist ein beliebtes Ausflugsziel der Stuttgarter. Obwohl von ihm nicht mehr viel übriggeblieben ist, gefällt seine Lage mitten im Wald und am Rande romantischer Seen. – Das Lustschloß *Solitude* wurde zwischen 1763 und 1767 nach einem Entwurf von Herzog Carl Eugen errichtet, der darin Entspannung von den Regierungsgeschäften suchte.
Tourenbeschreibung   Wenn wir aus Richtung der Stuttgarter Innenstadt anreisen, gehen wir zunächst auf den neben der Haltestelle liegenden Wanderparkplatz, in dessen Mitte wir die Möglichkeit haben, mit dem roten Kreuz unter der Schnellstraße hindurch zum *Forsthaus I* zu gelangen. Hier wandern wir sofort nach links und 50 Meter später wieder nach rechts. An einer Weggabelung an einem Waldspielplatz entscheiden wir uns für den rechten Ast, der uns zu den Resten eines römischen Bauwerks, hinter dem man ein Kultgebäude vermutet, und zum *Bärenschlößle* bringt, an dem wir nach rechts gehen.

Zu Tour 17   **Stuttgart, Bärensee**   (Foto: Ulrich Schnabel)

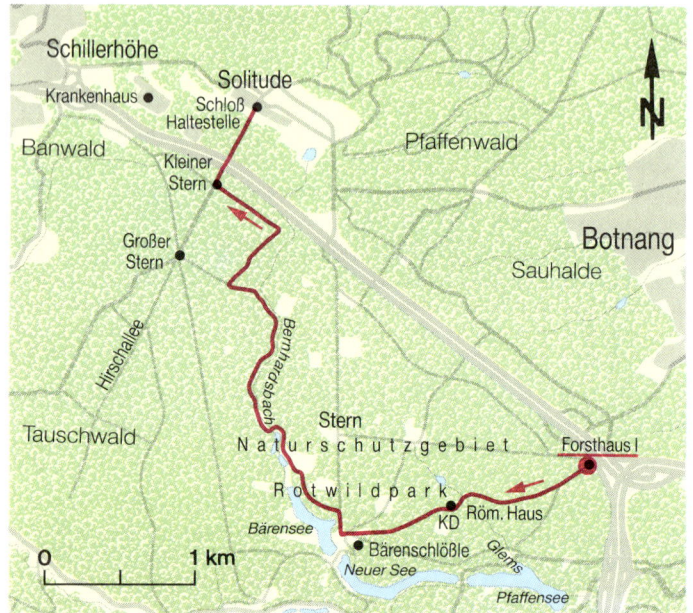

Aber dies nur kurz, denn hinter einer Brücke zweigt ein Weg mit dem roten Punkt nach links ab. Nachdem wir zwischen zwei Seen durchgegangen sind, wenden wir uns sofort nach rechts. 100 Meter hinter einem Schutzhäuschen gabelt sich der Weg, und wir wählen den linken Ast immer entlang des *Bernhards-bachs*.

Kurze Zeit später zeigt der rote Punkt nach links auf einen schmalen Pfad. Wenn wir auf einen befestigten Waldweg treffen, wenden wir uns scharf nach rechts. Dieser Weg macht einen Linksbogen und trifft dann auf eine Kreuzung, wo wir unsere Schritte nach rechts und dann immer geradeaus zum *Schloß Solitude* und zur dortigen *Haltestelle Solitude* der SSB-Buslinie 92 lenken.

18 Forsthaus I – Vier Buchen – Römerstraße – Hohe Warte – Weilimdorf

Verkehrsmöglichkeiten Haltestelle Forsthaus I der SSB-Buslinie 92.
Wegmarkierungen Blauer Punkt, rotes Kreuz, roter Balken.
Tourenlänge Etwa 8 Kilometer. **Wanderzeit** Etwa 2 Stunden.
Höhenunterschiede Etwa 30 Meter.
Wanderkarte Stuttgart und Umgebung (TK 50 SAV, Blatt 14).

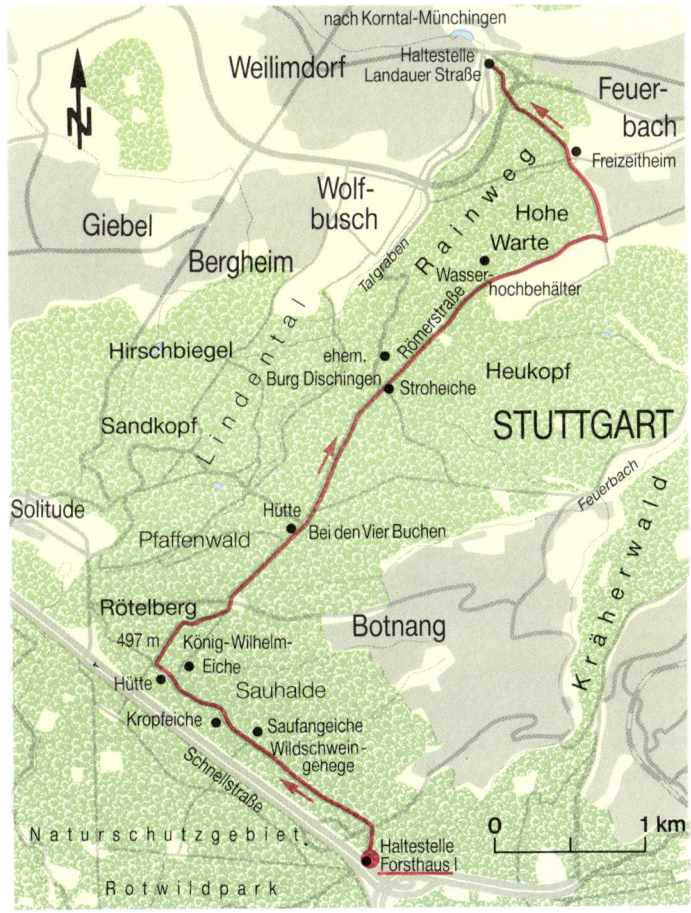

Wissenswertes Im Gehege an der *Saufangeiche* tummeln sich eine Menge Wildschweine. Grillplätze laden in regelmäßigen Abständen zum Verweilen ein.

Tourenbeschreibung Von der Haltestelle aus durchqueren wir den großen Parkplatz nördlich der Schnellstraße Stuttgart – Gerlingen und stoßen auf ein kleineres Sträßchen, das wir sofort überqueren. Dem blauen Punkt nach wandern wir immer geradeaus in den Wald hinein und am Wildgehege an der *Saufangeiche* vorbei, bis wir nach etwa 20 Minuten Gesamtgehzeit linker Hand einen Grill- und Rastplatz erkennen. Etwa 50 Meter dahinter zweigt nach rechts ein Weg mit dem roten Kreuz ab, dem wir uns leicht bergauf anschließen. 300 Meter danach mündet dieser Weg in einen anderen, auf dem wir nach rechts weitergehen.

Nach etwa 200 Metern müssen wir beim *Forsthaus Solitude* wieder über ein Sträßchen, aber die Richtung bleibt unverändert geradeaus, auch wenn wir bei den *Vier Buchen* das Wanderzeichen wechseln (jetzt gilt der rote Balken). Bei der *Stroheiche* besteht dann nach links die Möglichkeit eines Abstechers zu einem herrlichen Grillplatz und der Ruine der ehemaligen *Burg Dischingen*.

Ob wir uns dazu entschlossen haben oder nicht (ein Weg dauert höchstens zehn Minuten) – bei der *Stroheiche* müssen wir auf jeden Fall in der ursprünglichen Richtung geradeaus dem roten Balken nach leicht bergauf, wo wir schon bald links den Wasserhochbehälter *Hohe Warte* der Bodenseewasserversorgung sehen. Durch den ganzen Wald ändern wir unsere Marschrichtung nicht (wobei nach etwa 15 Minuten wieder ein Grillplatz auf uns wartet). Erst an seinem Ende heißt es scharf nach links abzuzweigen und zwischen dem Wald und einer Kleingartenanlage bergab zu gehen. Die Markierung »roter Balken« behält auch ihre Gültigkeit bei, wenn wir im Tal angelangt sind und erneut immer geradeaus über eine Brücke über die Ortsumgehung Weilimdorf die *Haltestelle Landauer Straße* der Straßenbahnlinie 13 erreichen.

19 Waldfreibad – Solitude – Burg Dischingen – Weilimdorf

Verkehrsmöglichkeiten Haltestelle Waldfreibad der SSB-Buslinie 93.

Wegmarkierungen Blaues Kreuz, liegendes U (Stuttgarter Rundwanderweg), roter Balken, Stuttgarter Rößle.

Tourenlänge Etwa 11 Kilometer. **Wanderzeit** Etwa 3 Stunden.

Höhenunterschiede Etwa 100 Meter.

Wanderkarte Stuttgart und Umgebung (TK 50 SAV, Blatt 14).

Wissenswertes Das Lustschloß *Solitude,* das Herzog Karl Eugen zwischen 1763 und 1767 erbauen ließ, vermittelt einen Eindruck von der württembergischen Spielart des Absolutismus. Neben dem Schloß befindet sich heute die Dienstwohnung des Ministerpräsidenten des Landes Baden-Württemberg. – Die *Burgruine Dischingen* stammt aus wesentlich früherer Zeit und dürfte vor allem für Kinder auch heute noch Faszination ausstrahlen.

Tourenbeschreibung Von der Haltestelle aus benutzen wir die Straße mit dem Namen *Krummbachtal* ein Stückchen von der Hauptstraße weg. Achtung: Nach etwa 150 Metern zweigt nach rechts ein kaum erkennbarer Weg mit dem blauen Kreuz ab. Der romantische Pfad führt nach kurzem auf ein Schottersträßchen, auf dem wir kurz nach links und schon nach 40 Metern wieder auf einem Waldweg dem blauen Kreuz nach rechts wan-

Zu Tour 17, 19 **Solitude**   (Foto: Ulrich Schnabel)

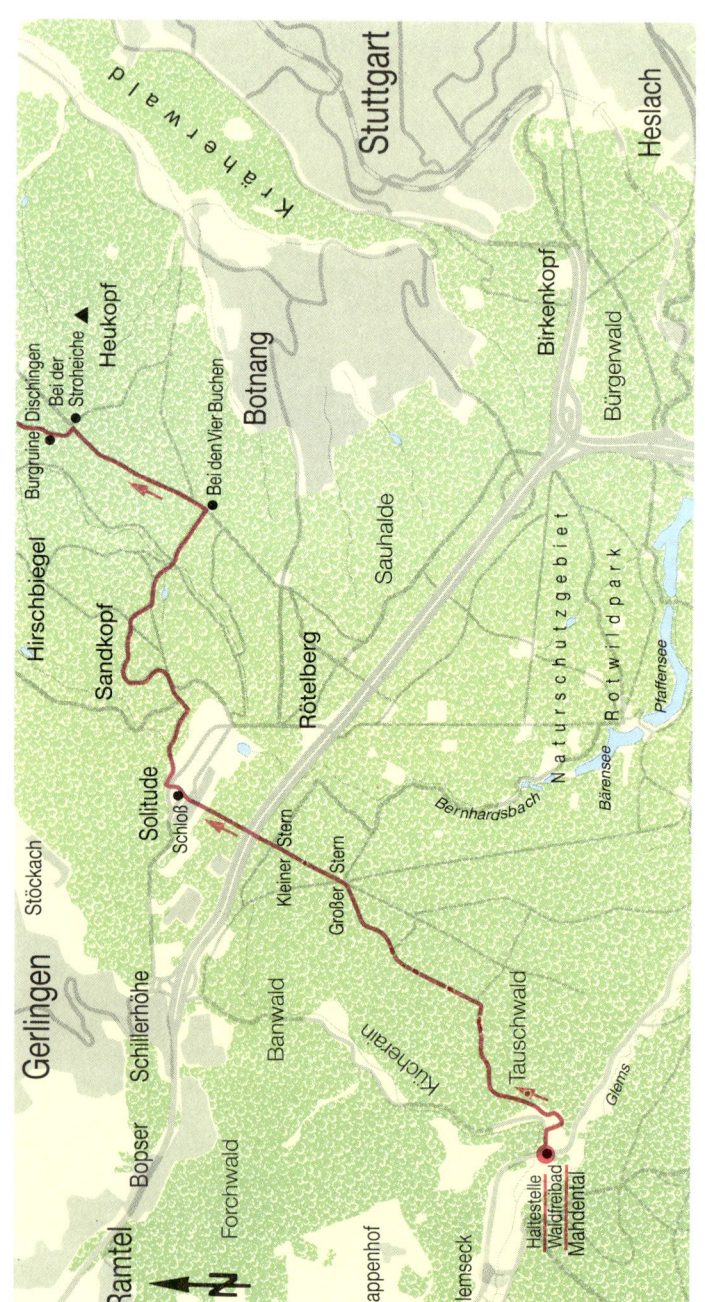

Stuttgart

Heslach

Krähenwald

Heukopf

Bei der Stroheiche

Bei den Vier Buchen

Botnang

Birkenkopf

Bürgerwald

Burgruine Dischingen

Hirschbiegel

Sandkopf

Saunhalde

Naturschutzgebiet

Rotwildpark

Pfaffensee

Rötelberg

Stöckach

Solitude

Schloß

Kleiner Stern

Großer Stern

Bernhardsbach

Bärensee

Gerlingen

Schillerhöhe

Banwald

Kucherain

Tauschwald

Glems

Bopser

Forchwald

Haltestelle
Waldfreibad
Mahdental

Ramtel

Rappenhof

Glemseck

N

dern. Nach etwa fünf Minuten gehen wir auf der Höhe nach rechts wiederum der Markierung nach.

Nach kurzer Zeit heißt es erneut aufpassen: an einer Wegspinne wenden wir uns halblinks, dem *Heuweg,* der gleichzeitig mit dem liegenden U des Stuttgarter Rundwanderwegs gekennzeichnet ist, zu. Dort, wo dieser Schotterweg einen scharfen Bogen nach rechts beschreibt, bleiben wir der Markierung nach strikt geradeaus auf der Höhe (nach halblinks zweigt nämlich an derselben Stelle ein – falscher – Weg bergab).

Schon kurze Zeit später sehen wir uns am *Großen Stern* einem wahren Gewirr von Wegen in Form einer gespreizten Hand gegenüber. Wir wählen daraus den zweiten »Finger« von links, der sich auch anhand des roten Balkens identifizieren läßt. Schon nach kurzem kommen wir zum *Schloß Solitude.* Wenn wir von dort aus talwärts blicken, nehmen wir geradeaus ein Stück der sofort zu erkennenden großen Achse, die schnurstracks über 13 Kilometer Richtung Ludwigsburg führt. Nachdem wir etwa 200 Meter bergab hinter uns gebracht haben, zweigt nach rechts das blaue Kreuz ab, dem wir uns anschließen. Nach einigen Minuten sind wir wieder auf der Höhe angelangt, wo uns das blaue Kreuz gleich erneut leicht nach links bergab schickt. Nach dem Überqueren einer Straße geht es weiter, immer geradeaus, leicht

Zu Tour 17, 19 **Solitude**   (Foto: Ulrich Schnabel)

bergab. Etwa 200 Meter weiter verlassen wir das geteerte Sträßchen nach links auf einem Pfad mit dem blauen Kreuz. An einer
Weggabelung nehmen wir den rechten Pfad bergauf. Immer auf
der Höhe entlang erreichen wir ein Schottersträßchen, das wir
überqueren und der Markierung nach einen romantischen Pfad
beschreiten. 100 Meter weiter geht es schon wieder nach rechts.

An der nächsten Wegspinne behalten wir die Richtung (geradeaus) ziemlich exakt bei, wandern bergab und dann sofort
wieder steil bergauf. Auf der Höhe stoßen wir auf eine Kreuzung und wechseln das Wanderzeichen – wieder zum roten Balken – nach links. In einer Senke bei der *Stroheiche* entscheiden
wir uns für die Abzweigung nach links.

Bald bemerken wir rechts des Wegs einen schönen Grillplatz.
Genau gegenüber liegt links etwas abseits die Ruine der *Burg
Dischingen,* die einen Abstecher lohnt. Wenn wir danach auf unserem ursprünglichen Weg weiterwandern, benutzen wir das
Schottersträßchen. Nach etwa 300 Metern zweigt der Weg mit
dem Stuttgarter Rößle nach links ab. Nach einer Rechtskurve
müssen wir wieder nach links und dann bis hinab in die Talaue,
wo wir den Wald verlassen und sofort bei der ersten Möglichkeit
(noch vor einem Bächlein) in einen Wiesenweg nach rechts abbiegen. Dem liegenden U nach geht es geradeaus dem Bach entlang und unter einer Straßenbrücke hindurch im *Lindental* nach
Weilimdorf. Der Hauptstraße folgen wir kurz nach links zur Haltestelle *Landauer Straße* der Straßenbahnlinie 13.

20 Garbe – Schloß Hohenheim – Birkach – Degerloch

Verkehrsmöglichkeiten Haltestelle Plieningen Garbe der Stadtbahn-Linie U 3 sowie der SSB-Buslinien 65, 73, 74, 75 und 76.

Wegmarkierungen Blaues Kreuz.

Tourenlänge 8 Kilometer. **Wanderzeit** 2¼ Stunden.

Höhenunterschiede Etwa 100 Meter.

Wanderkarte Stuttgart und Umgebung (TK 50 SAV, Blatt 14).

Wissenswertes Das zwischen 1785 und 1797 erbaute *Schloß Hohenheim* ist seit 1818 Sitz der Landwirtschaftlichen Hochschule der heutigen Universität Stuttgart. Erbaut wurde es von Herzog Carl Eugen – allerdings im Gegensatz zur Solitude diesmal unter dem Einfluß seiner Frau Franziska von Hohenheim. Es gefällt durch seine Schlichtheit. Vom einst prächtigen Park sind nur noch einige (allerdings wunderschöne) Bäume erhalten.

Tourenbeschreibung Wir orientieren uns an der Wirtschaft zur Garbe und gehen an ihr vorbei in die *Garbenstraße*. Nach etwa 600 Metern kommen wir beim *Schloß Hohenheim* an und gehen bis an dessen Ende, dann links und in einem kleinen Durchgang wieder nach links – bis zum Hauptportal. Dort richten wir unsere Schritte nach rechts und immer geradeaus durch eine landwirtschaftliche Versuchsanlage der Universität nach *Birkach*. Hier schickt uns das blaue Kreuz des Albvereins zunächst

Zu Tour 20 **Schloß Hohenheim** (Foto: Ulrich Schnabel)

halbrechts in den *Tiefen Weg,* der einen Bogen bis zur Ortsdurchfahrt beschreibt. Diesem folgen wir nur kurz nach rechts, bis uns der *Grüninger Weg* nach links auf freies Feld führt.

Wir halten uns immer geradeaus bis kurz vor der großen *Wohnanlage Hannibal,* wo wir nach rechts einem Waldstreifen entlang wandern. Wenn dieser Weg in einen anderen mündet, gehen wir 300 Meter weiter wieder nach rechts und 200 Meter weiter nach links auf einen kleinen Trampelpfad zwischen Bäumen und Kleingärten.

Kurz darauf überqueren wir die Straße und lenken unsere Schritte nach rechts und schon 10 Meter weiter wieder nach halblinks steil bergab. Wir bleiben zwischen Wald und *Asem-waldsiedlung,* bis der Weg in einen anderen mündet und wir nach links weiter bergab können. Bei der *Jugendfarm Birkach,* die sich direkt neben einer Umspannstation befindet, geht es wieder nach links in den Wald.

Über ein Brückchen im Talgrund erreichen wir die Siedlung *Schönberg* und nehmen gleich die erste Straße nach links, die kurz vor den letzten Häusern in einem spürbaren Rechtsbogen bergauf führt. Immer geradeaus begeben wir uns über sie wieder in den Wald hinein. Wo der Weg in einen anderen mündet, halten wir uns links. Etwa 600 Meter weiter müssen wir bei einem Grill- und Spielplatz mitten im Wald nach rechts. Wenn wir immer auf diesem breiten Waldweg bleiben, haben wir keinerlei Probleme, bei der evangelischen *Versöhnungskirche* den Stadtteil *Degerloch* zu erreichen.

Der Wanderweg führt daraufhin geradeaus in den *Hain-buchenweg* und dann über mehrere Querstraßen hinweg bis zu dessen Ende, wo nach links die *Nägelestraße* abzweigt, durch die wir schon nach 150 Metern zur gleichnamigen Haltestelle der Zahnradbahn Degerloch – Marienplatz (SSB-Linie 10) kommen.

Zahnradbahn   (Foto: Ulrich Schnabel)

21 Rohr – Bernet – Katzenbachsee – Max-Planck-Institut

Verkehrsmöglichkeiten Haltestelle Rohrer Höhe der SSB-Buslinie 82.

Wegmarkierungen Zum Teil unmarkiert, blaues Kreuz, blauer Balken, roter Balken, rotes Kreuz.

Tourenlänge 10 Kilometer.   **Wanderzeit** 2¾ Stunden.

Höhenunterschiede Etwa 150 Meter.

Wanderkarte Stuttgart und Umgebung (TK 50 SAV, Blatt 14).

Wissenswertes Wer Wald und Seen mag und nicht allzuweit wegfahren möchte, kann diese Tour so richtig genießen. Romantik am Rande der Großstadt ist hier erlebbar – »garniert« mit Grillstellen, die zum Verweilen einladen.

Tourenbeschreibung Von der Haltestelle aus schauen wir uns nach der Straße *Am Wildwechsel* um und gehen durch sie, bis sie auf die *Waldburgstraße* trifft. Dann müssen wir mit dem blauen Kreuz des Albvereins zwischen Waldrand und Bebauung nach links. Nach der Siedlung biegen wir leicht nach rechts auf eine Brücke ab, die uns über die Autobahn hinweg bringt. Auf der anderen Seite benützen wir nicht den Wanderweg, sondern den gut erkennbaren breiten Pflasterweg geradeaus. Nach 200 Metern lenken wir unsere Schritte (mit dem blauen Balken des Albvereins) bei einer Abzweigung nach rechts. Es handelt sich um den *Rohrer Pfad,* dem wir über etwa 2 Kilometer hinweg bis zu einer Senke folgen und dann sofort nach rechts den *Königsweg* wieder bergauf nehmen. Auf der Höhe angelangt, gabelt sich der Weg. Wir gehen nach links immer an diesem Höhenrücken entlang, bis der Weg in einen anderen mündet und uns eine kurze Strecke nach links bergab bis zu einer Straße erwartet.

Hier gilt es, etwa 150 Meter nach rechts der Straße entlangzugehen, bis wir sie bei der ersten Möglichkeit auf einem unscheinbaren Weg wieder nach links verlassen können. Jenseits eines kleinen Bächleins stoßen wir sofort wieder auf einen Schotterweg – und nun heißt es »links«. Die Einmündung in ein Asphaltsträßchen bedeutet für uns das Signal, einen Rechtsbogen bergauf einzuschlagen. Auf dem linken Strang einer Weggabelung nach 150 Metern kommen wir unter der Autobahn hindurch und müssen dann aufmerksam sein: sofort danach biegen wir nach links ab und gehen etwa 200 Meter weiter auf eine Lichtung, wo sich hinter einem Bolzplatz mit Grillstelle unser Weg nach rechts fortsetzt.

Nun steht uns das größte Problem der Tour bevor: dort, wo der Weg wieder leicht ansteigt und wir rechts etwas abseits das

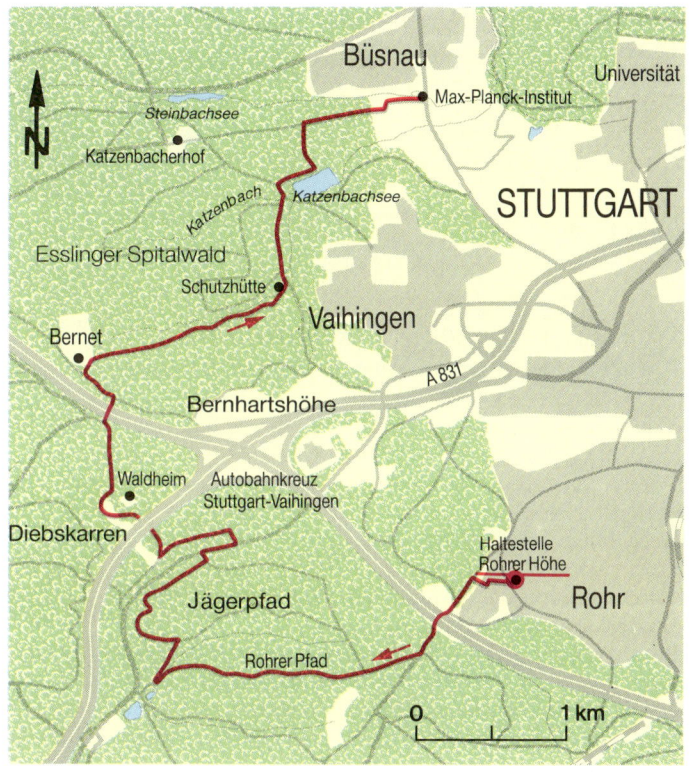

Waldheim der Arbeiterwohlfahrt sehen, geht es im spitzen Winkel nach links zurück und nach etwa 80 Metern nach rechts bergan immer geradeaus. Wenn wir wieder aus dem Wald hinaustreten, entdecken wir linker Hand sofort die Brücke über die Autobahn. Auf deren anderer Seite wandern wir links leicht bergab und gehen nach etwa 300 Metern kurz vor der Standortschießanlage Bernet der Bundeswehr nach rechts auf dem letztmöglichen Weg in den Wald hinein.

150 Meter weiter gabelt sich der Weg. Für uns ist das nach rechts führende *Bernetsträßle* das richtige. Auf ihm bleiben wir, bis es sich in einer Senke teilt. Wir halten uns mehr oder weniger geradeaus im Tal und kommen nach 150 etwas unbequemen Metern wieder auf einen Schotterweg, der sich entlang des etwas weiter links verlaufenden *Katzenbachs* hält. Bei einer Schutzhütte treffen wir auf einen Asphaltweg, dem wir zuerst nach links folgen, wobei nun wieder der rote Balken unser Be-

gleiter ist. Wenn der Weg etwa 400 Meter weiter in einen anderen mündet, nehmen wir mit dem roten Balken den linken Ast und wandern schon nach 100 Metern wieder nach rechts zum *Katzenbachsee*. An dessen Ende stoßen wir auf einen Querweg, der uns nach links bergauf führt. 200 Meter weiter biegen wir mit dem roten Kreuz nach rechts zum *Max-Planck-Institut* ab. An dessen zur Straße gewandten Front befinden sich die *Haltestelle Max-Planck-Institut* der SSB-Buslinien 81, 84 und 93.

22 Wilhelma – Burgholzhof – Schnarrenberg – Max-Eyth-See

Verkehrsmöglichkeiten Haltestellen Wilhelma (Stadtbahn-Linie U 14) und Rosensteinbrücke (Straßenbahn-Linie 13).
Wegmarkierungen Teilweise unmarkiert, roter Balken oder Stuttgarter Rößle.
Tourenlänge 8 Kilometer.
Wanderzeit 2¼ Stunden.
Höhenunterschiede Etwa 160 Meter.
Wanderkarte Stuttgart und Umgebung (TK 50 SAV, Blatt 14).
Wissenswertes Die *Wilhelma* ist einer der schönsten botanischen und zoologischen Gärten Deutschlands. – Der Aussichtsturm auf dem *Burgholzhof* bietet einen herrlichen Rundblick auf den Stuttgarter Talkessel und darüber hinaus. – Der *Max-Eyth-See* ist eines der beliebtesten Ausflugsziele in Stuttgart, im Sommer kann man Boot fahren, außerdem gibt es einige Grillplätze.
Tourenbeschreibung Diese Tour startet gleich mit einer Attraktion: die *Wilhelma* ist bei jung und alt gleichermaßen beliebt, so daß die oben angegebene Wanderzeit »rein netto« betrachtet werden muß. Wie lang man sich mit Pflanzen und Tieren beschäftigt, hängt ganz von den individuellen Neigungen ab. Wichtig ist in diesem Zusammenhang nur, daß man die Wanderung am Haupteingang beginnt und den botanischen und zoologischen Garten auf der Höhe des *Rosensteinparks* wieder verläßt. Der Weg dorthin ist völlig gleichgültig. Dort oben verabschieden wir uns von der Wilhelma und wenden uns ziemlich geradeaus in Richtung *Löwentor* (wer nicht durch die Wilhelma möchte, kann an deren Rand entlang auch durch den Rosensteinpark hierher spazieren).

Das Museum am Löwentor lassen wir links liegen und wählen den Weg, der uns wieder in grober Geradeaus-Richtung zum Ausgang des Parks bringt. Nach dem Löwentor überqueren wir

Zu Tour 22 **Wilhelma** (Foto: Ulrich Schnabel)

die viel befahrene *Pragstraße* und wählen bei der *Straßenbahn-Haltestelle Löwentor* den Fußgänger- und Radweg bergauf nach links. Schon nach rund 250 Metern können wir nach rechts in Richtung *Landeskriminalamt* abbiegen und so dem Straßenlärm entfliehen. An der großen Mauer vor dem Kriminalamt müssen wir unsere Schritte nach rechts lenken und wandern entlang eines herrlichen *Weinbergs* der Weingärtnergenossenschaft Bad Cannstatt wieder leicht bergab.

Am Beginn der Bebauung biegen wir sofort nach links ab und folgen immer diesem Weg, der uns erneut durch Weinberge und Kleingärten führt. Wir orientieren uns dabei am *Robert-Bosch-Krankenhaus,* wo wir auch auf den Stuttgarter Rundwanderweg stoßen, und an den Kasernen des *Burgholzhofes.* Die *Auerbach-straße* verläuft hier parallel zu den *Robinson Barracks.* Schon bald kommt unser nächstes Zwischenziel in Sicht: der schöne alte *Aussichtsturm.* Am Turm erreichen wir den roten Balken des Schwäbischen Albvereins.

An der *Bushaltestelle Burgholzhof* gehen wir über die Straße und setzen unsere Wanderung wieder grob geradeaus entlang des Sportplatzes des Turnvereins Cannstatt fort. Wo das Wetter für Stuttgart und Umgebung gemacht wird, sehen wir schon kurze Zeit später bei der *Wetterwarte* auf dem Schnarrenberg.

Auch hier beim Wetteramt verändert sich die Geradeaus-Richtung nicht. Bei einer Kreuzung nahe eines Fernsehumsetzers nicht nach links abbiegen, sondern geradeaus weiter zum *Aussichtspunkt Schnarrenberg!* Von hier aus schickt uns der rote Balken auf einem romantischen Weg über einige der berühmten »steilen Stuttgarter Stäffala« hinab ins Neckartal.

Im Tal wartet sofort eine scharfe Linkskehre auf uns. Achtung: hier verlassen wir den roten Balken und gehen auf der linken Uferseite neckarabwärts. Den Neckar überqueren wir über eine markante Hängebrücke und gehen dann je nach Lust und Laune nach links oder rechts um den *Max-Eyth-See* bis zu einer der *Haltestellen* der Stadtbahn-Linie U 14 (*Seeblickweg* oder *Max-Eyth-See*).

23 Plieningen – Denkendorf – Neuhausen

Verkehrsmöglichkeiten Haltestelle Plieningen Post der SSB-Buslinien 73, 74, 75 und 76.

Wegmarkierungen Teilweise unmarkiert, blaues Kreuz, rotes Kreuz, roter Balken.

Tourenlänge 12 Kilometer.

Wanderzeit 3 Stunden.

Höhenunterschiede 60 Meter.

Wanderkarte Stuttgart und Umgebung (TK 50 SAV, Blatt 14).

Wissenswertes Die Geschichte des *Klosters Denkendorf* reicht bis ins 12. Jahrhundert zurück. Berühmt wurde es vor allem durch die Klosterschule, die unter anderen Friedrich Hölderlin besuchte. Heute erfüllt es eine wichtige Funktion durch die Bildungsstätte der evangelischen Landeskirche Württemberg. – In der Mitte dieser Wanderung lädt zudem das Denkendorfer Freibad zur Erfrischung.

Tourenbeschreibung Wir orientieren uns am Plieninger Postamt und gehen dort schräg gegenüber in die von der *Filderhauptstraße* nach rechts abzweigende *Lupinenstraße*. Am Zusammentreffen mehrerer Straßen benutzen wir ziemlich geradeaus die *Maurenstraße* bergab, dann einen geteerten Feldweg, der uns unter einer Straße hindurch zum Schützenhaus und an die *Körsch* bringt. Für 1½ Kilometer bleiben wir immer am

Zu Tour 23 **Denkendorf**   (Foto: Ulrich Schnabel)

87

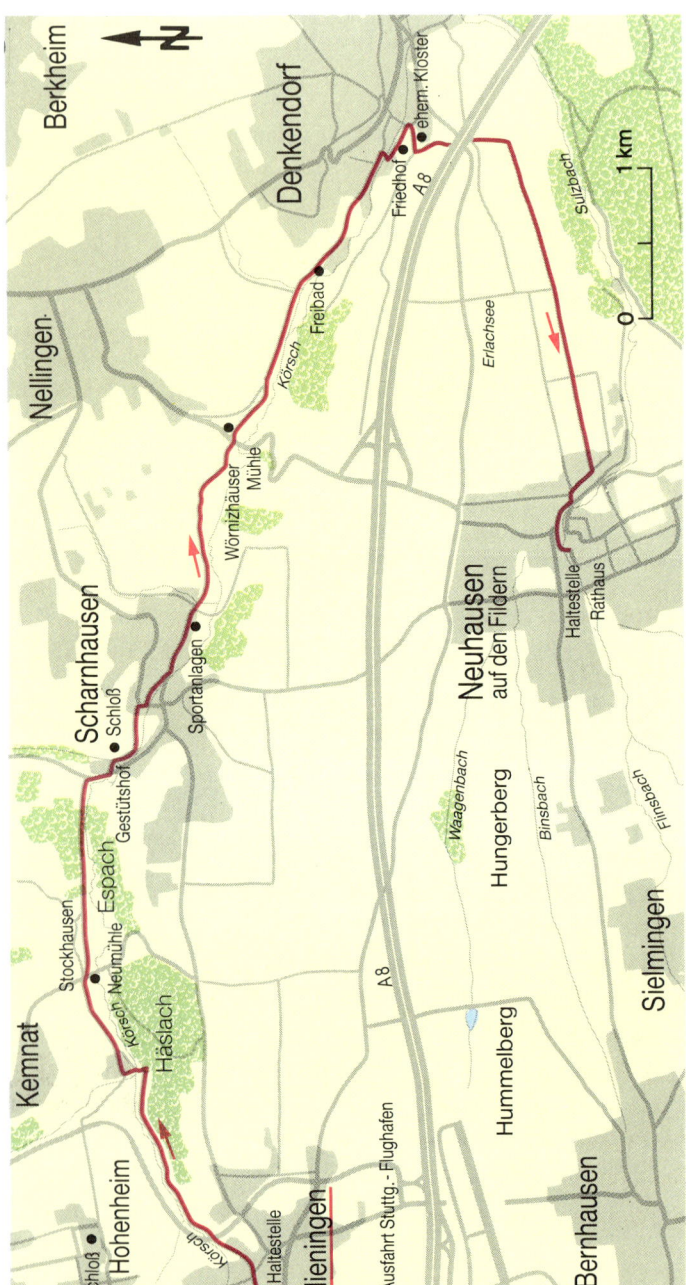

N

Berkheim

Denkendorf

ehem. Kloster

Friedhof

A 8

Nellingen

Freibad

Körsch

Sulzbach

1 km

0

Erlachsee

Wörnizhäuser Mühle

Scharnhausen

Sportanlagen

Schloß

Haltestelle

Rathaus

Neuhausen
auf den Fildern

Gestütshof

Espach

Stockhausen

Waagenbach

Hungerberg

Binsbach

Flinsbach

Sielmingen

Körsch Neumühle

Kemnat

Häslach

Hummelberg

A 8

Hohenheim

Schloß

Körsch

Haltestelle
Plieningen

Ausfahrt Stuttg. - Flughafen

Bernhausen

Bach, wandern nach links über eine Brücke und sofort nach rechts an der Kläranlage vorbei. An der *Neumühle* müssen wir eine Straße überqueren und gehen dann immer geradeaus über *Stockhausen* zur nächsten Straße.

Hier richten wir unsere Schritte für 100 Meter nach rechts und dann mit dem blauen Kreuz des Albvereins nach links. Wenn wir zur *Nellinger Straße* nach *Scharnhausen* kommen, geht es nur kurz nach rechts und noch vor einer Brücke wieder nach links. An den Sportanlagen vorbei halten wir uns immer geradeaus und stoßen in der Nähe der Körsch auf einen Obstbaulehrpfad.

Das nächste »Zwischenziel« ist die *Wörnitzhäuser Mühle,* wo wir nach Überqueren der Straße erneut geradeaus bis nach *Denkendorf* gehen. Nach dem *Freibad* zweigt von der *Hohenheimer Straße* nach rechts ein Weg zum *Friedhof* auf der anderen Seite der Körsch ab. Hier heißt es nach der Brücke »links« und bei der nächsten Möglichkeit wieder »rechts«. Die *Friedhofsstraße* beschreibt einen Bogen um die *Klosteranlage* (die einen Abstecher lohnt) und führt uns zur Autobahnbrücke, unter der wir hindurchgehen. Hier halten wir uns geradeaus auf dem Wanderweg mit dem roten Balken, aber nur, bis nach 200 Metern ziemlich auf der Höhe ein Feldweg nach rechts abbiegt.

Immer geradeaus gelangen wir nach *Neuhausen,* gehen über den *Birkenweg* und dann nach rechts über die *Panoramastraße.* An deren Ende biegen wir nach links bergab. 80 Meter weiter stoßen wir auf einen Fußweg, der uns entlang des *Sulzbachs* ins Ortszentrum und dann nach links leicht bergauf zur Haltestelle *Neuhausen Rathaus* der SSB-Buslinien 35, 36 und 73 bringt.

24 Neuhausen – Sulzbachtal – Lindenhöfe – Neuhausen

Verkehrsmöglichkeiten Haltestelle Neuhausen Rathaus der SSB-Buslinien 35, 36 und 73.

Wegmarkierungen Teilweise unmarkiert, blauer Punkt, roter Balken und roter Punkt.

Tourenlänge 10 Kilometer.

Wanderzeit 2½ Stunden.

Höhenunterschiede Etwa 100 Meter.

Wanderkarte Stuttgart und Umgebung (TKV 50 SAV, Blatt 14).

Wissenswertes *Neuhausen* ist insofern hervorzuheben, als es sich um die einzige katholische Kirchengemeinde mit reicher

Tradition weit und breit handelt. Diese hat ihren Ursprung darin, daß es im 14. Jahrhundert unter österreichische Herrschaft kam und erst 1769 daraus entlassen wurde. Von dieser »Fußnote der Geschichte« zeugen heute noch die Kirche Sankt Petrus und Paulus sowie das alljährliche bunte Treiben an Fasching.

Tourenbeschreibung Die Ortsdurchfahrt benutzen wir nur kurz nach links bergab, bevor uns der blaue Punkt signalisiert, daß wir nach rechts Richtung Denkendorf marschieren müssen. Auf der *Kesslerstraße* und der *Bismarckstraße* gelangen wir an das Ortsende. Dort ist das Schild Richtung Kleintierzuchtverein ein Hinweis, daß wir nach rechts abbiegen müssen. Jenseits eines Bächleins gehen wir leicht bergauf nach links, bevor wir uns an einer Wegspinne für die Bergab-Variante entscheiden. In einer Senke wartet schon die nächste Bachüberquerung auf uns. Wir sehen da schon die Einmündung unseres Weges in eine Schotterstraße am Waldrand, die uns nach links leicht bergab bringt.

Nach etwa 20 Minuten wählen wir die erste Möglichkeit, nach rechts erst sanft und dann immer steiler bergauf zu wandern, wobei wir die Markierung bis zur Höhe verlassen. Nach etwa einer Viertelstunde entdecken wir den roten Balken, der uns schon nach kurzem den breiten Weg verlassen läßt und auf ro-

90

mantischem Pfad durch den Wald führt. Bei der nächsten Schotterstraße ist Zickzack angesagt: erst rechts, dann gleich wieder links.

Am Waldeck kurz vor den *Lindenhöfen* treffen wir wieder auf
den blauen Punkt, der uns nach rechts zuerst am Rande des
Waldes und dann wieder hineinführt. Beim ersten Schotterweg,
der kreuzt, verlassen wir den Wanderweg und folgen dieser
Strecke nach rechts, bis sie in den nächsten Schotterweg mündet
und wir nur die Möglichkeit haben, zwischen links und rechts zu
wählen. Das letztere ist das Richtige, aber nur für kurze Zeit,
dann heißt es wieder nach links abzubiegen. Nach etwa 100 Metern können wir an einem Grillplatz rasten oder aber geradeaus
marschieren, wobei unser Weg vom Schotter auf einen angeneh-
men Pfad wechselt, der zwischen Wiese und Waldrand leicht zu
erkennen ist, genauso wie der *Rotbach,* den wir über ein Brücklein überqueren, und zwar immer dem roten Punkt nach, der
uns zurück zum Ausgangspunkt leitet.

25 Wolfschlugen – Sauhag – Oberensinger Höhe – Hardt – Wolfschlugen

Verkehrsmöglichkeiten Haltestelle Wolfschlugen Löwen der
SSB-Buslinie 74.
Wegmarkierungen Blauer Punkt, blaues Kreuz, roter Balken.
Tourenlänge 7 Kilometer. **Wanderzeit** 2 Stunden.
Höhenunterschiede 30 Meter.
Wanderkarte Stuttgart und Umgebung (TKV 50 SAV, Blatt 14).
Wissenswertes Das *Waldhauser Schloß* ist der Rest einer römi-
schen Befestigung aus der nachchristlichen Zeit, die zum etwa
3 Kilometer entfernten Kastell von Grinario (dem heutigen
Köngen) gehörte. Heute deuten allerdings nur noch einige Erd-
wälle darauf hin. – Die *Sammlung Domnick* ist für die zeitgenös-
sische Kunst eine der bedeutendsten ihrer Art in Baden-Württemberg. Der Öffentlichkeit zugänglich ist sie erst nach dem Tod
der Witwe des Gründers, Professor Ottomar Domnick (über die
Tore hinweg kann man schon heute einen Blick auf einige Skulp-
turen im Garten werfen). – Aus *Hardt* soll die Sagengestalt des
Pfeifers von Hardt stammen, der dem fliehenden Herzog Ulrich
von Württemberg das Leben rettete, indem er ihn am Ulrichstein versteckte.
Tourenbeschreibung Wir beginnen die Wanderung an der Bushaltestelle *Wolfschlugen Löwen* der Linie 74 der Stuttgarter

Straßenbahnen und folgen dem blauen Punkt des Schwäbischen Albvereins und der *Waldhäuser Straße* immer geradeaus. Nach etwa 2 Kilometern über freies Feld erreichen wir beim *Koshauweg* den Waldrand und marschieren wieder geradeaus in den *Sauhag* hinein.

Nach weiteren 300 Metern verlassen wir den Weg mit dem blauen Punkt und biegen nach rechts ab (Markierung blaues Kreuz). Ein romantischer Pfad durch herrlichen Laubwald bringt uns zum *Waldhäuser Schloß*. Nur wenige Meter verläuft der Weg nach links. Dann weist uns der rote Balken in Richtung *Oberensinger Höhe* nach rechts.

Am Ende des Sauhag wenden wir unsere Schritte nach links. Wegweiser ist weiter der rote Balken, der uns schon nach rund 300 Metern wieder nach rechts und quer über die *Oberensinger Höhe* schickt. Von dort hat man einen herrlichen Blick auf Nürtingen und die Albrandkette von der Burg Teck über die Ruine Hohenneuffen und die Achalm bis fast bis zum Hohenzollern.

Am Ende der Hochfläche geht es nach rechts (dem roten Balken folgend) ab. Nach der *Sammlung Domnick* führt uns der Weg erst nach rechts, dann sofort wieder nach links. Etwa 200 Meter weiter stoßen wir auf die Kreisstraße von Nürtingen nach Wolfschlugen. Wer schon müde ist, hat Gelegenheit, von der

Haltestelle Hardt der SSB wieder zurückzufahren. Es bietet sich jedoch an, die Tour noch abzurunden.

Dazu wandern wir auf der an die berühmteste Gestalt dieses Ortes erinnernden *Pfeiferstraße* bis zum kleinen Dorfplatz mit dem *Pfeiferbrunnen,* wo es wieder gilt, das Wanderzeichen zu wechseln. Das blaue Kreuz führt uns nach einer scharfen Rechtsbiegung am Ende von Hardt über den äußersten Rand der Filder wieder nach *Wolfschlugen,* von dessen Durchgangsstraße (sie ist aus der Wanderrichtung gesehen rechter Hand zu finden) gleich eine Fülle von Rückfahrmöglichkeiten mit der SSB-Buslinie 74 (Haltestellen Siedlung, Reinhardtstraße, Löwen, Esslinger Straße) bestehen.

26 Wolfschlugen – Sauhag – Köngen – Körschtal – Deizisau – Altbach

Verkehrsmöglichkeiten Haltestelle Wolfschlugen Löwen der SSB-Buslinie 74.

Wegmarkierungen Teilweise unmarkiert, blauer Punkt, Radweg Nummer 2, blaues Kreuz, blauer Balken.

Tourenlänge 16 Kilometer.

Wanderzeit Etwa 4½ Stunden.

Höhenunterschiede Etwa 100 Meter.

Wanderkarte Stuttgart und Umgebung (TK 50 SAV, Blatt 14).

Wissenswertes Der Römerpark in *Köngen* gibt einen exzellenten Überblick über die einstige Festung Grinario, die bis zum dritten Jahrhundert eine wichtige Grenzbefestigung der Römer war. In einem Museum sind zahlreiche Funde zusammengetragen, auf den Außenanlagen läßt sich die Dimension des einstigen Kastells nachvollziehen.

Tourenbeschreibung Wir gehen durch die *Waldhäuser Straße* dem blauen Punkt des Albvereins nach ortsauswärts. Etwa 200 Meter nach den letzten Häusern Wolfschlugens folgen wir dem Radweg Nummer 2 erst kurz nach links und dann sofort wieder rechts in Richtung Wald. Am Waldrand gabelt sich der Weg. Wir nehmen den linken Strang und folgen dem Radweg.

Etwa 300 Meter weiter mündet ein Weg von links ein. Wir bleiben jedoch auf der Hauptrichtung und schwenken leicht nach rechts. Auch nach einer Lichtung, auf der sich 100 Meter weiter rechts ein Grillplatz befindet, bleiben wir auf dem Weg geradeaus. Bei einer markanten Weggabelung vertrauen wir uns weiter dem Radweg auf dem rechten Ast an.

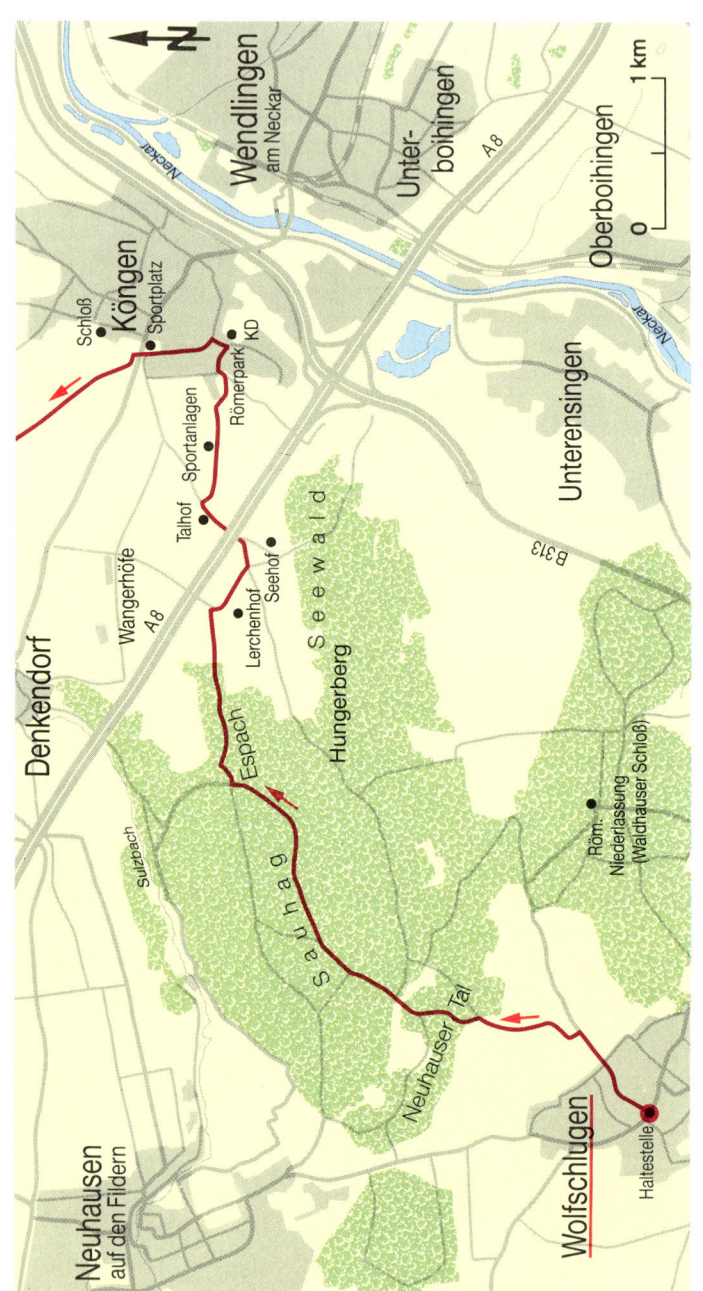

Wendlingen
am Neckar

Unter-
boihingen

Oberboihingen

Neckar

A8

1 km

Unterensingen

Schloß

Köngen

Sportplatz

Römerpark KD

B313

Sportanlagen

Talhof

Wangerhöfe

A8

S e e w a l d

Seehof

Denkendorf

Lerchenhof

Espach

Hungerberg

Röm.
Niederlassung
(Waldhauser Schloß)

Sulzbach

S a u h a g

Neuhausen
auf den Fildern

Neuhauser Tal

Wolfschlugen

Haltestelle

Wenn die Straße nach etwa 1 Kilometer ein leichtes Gefälle beginnt, biegen wir beim Waldteil *Schafrain* bei der ersten Möglichkeit nach rechts auf den *Espachweg* ab. Wieder nach rechts heißt es, wenn wir 150 Meter weiter erneut auf den blauen Punkt des Albvereins treffen. Diesem Wanderzeichen folgen wir aus dem Wald hinaus. Wo der Wanderweg in ein Asphaltsträßchen übergeht, bringt uns der blaue Punkt nach rechts und sofort wieder nach links. Kurze Zeit später müssen wir unter der Autobahn hindurch. Kurz nach einem Aussiedlerhof, den wir linker Hand sehen, verlassen wir den Wanderweg bei der ersten

Zu Tour 26 **Köngen, Römer-Kastell**   (Foto: Ulrich Schnabel)

Möglichkeit nach rechts auf einem Pfad entlang eines Wasser-
grabens und später der Köngener Sportplätze.

Etwa 100 Meter nach den Tennisplätzen zweigt ein kleiner
Feldweg nach rechts ab, der über einen Linksbogen auf ein Asphaltsträßchen zuführt, auf dem wir nach links die ersten Häuser von Köngen erreichen. Dort biegt sofort der kleine *Brahms-
weg* nach rechts ab, der uns durch das Neubaugebiet und an den
Hochhäusern vorbei zum *Römerpark* bringt.

Nach Besichtigung dieser historischen Stätte gehen wir ein
kleines Stück auf der *Ringstraße,* dann bergauf auf der *Adolf-
Ehmann-Straße,* an deren Ende wir die Kreisstraße aus Richtung Denkendorf überqueren. Wir gehen 30 Meter nach links,
sofort nach rechts auf einen Feldweg, der geradeaus bergauf
führt, wo nach rechts ein Weg zur *Klingenlinde* abzweigt. Hier
treffen wir auf das blaue Kreuz des Albvereins.

An dieser Stelle und schon etwa 100 Meter weiter ebenfalls
biegen wir nach links ab. Kurze Zeit später erreichen wir ein
Bächlein, das uns durch Wiesen zum Waldrand hin begleitet.

Nach Ende eines herrlichen Wegs durch den Wald erreichen
wir an der *Körsch* die Kreisstraße von Denkendorf nach Dei-
zisau. Wir gehen auf ihr ein Stück nach links entlang über eine
Brücke, überqueren sie und folgen dann sofort dem blauen
Kreuz wieder nach rechts. Nachdem wir ein Stück durch den
Wald bergauf gegangen sind, weist fast auf der Höhe der blaue
Punkt nach rechts in den Wald. Nach etwa 20 Minuten auf
einem herrlichen Waldweg entdecken wir beim *Waldhäusle*

einen Schotterweg mit dem blauen Balken, dem wir nach rechts folgen. Er schickt uns in Richtung Tal und zweigt dann scharf rechts und kurz darauf gleich wieder steil bergab nach links ab. (Achtung: diese Stelle übersieht man leicht!).

Am Ufer der *Körsch* macht der Weg eine Linkswendung und führt entlang des Bachbetts, bevor wir auf eine Brücke stoßen, die wir nach rechts mit dem blauen Balken überqueren. An der Kreisstraße Denkendorf – Deizisau müssen wir die Autostraße überqueren und danach mit dem blauen Balken bergauf gehen. Auf halber Höhe zweigt der blaue Punkt des Albvereins nach links ab.

In Deizisau wenden wir uns bei der ersten Möglichkeit gleich nach links und durch die *Klingenstraße* talwärts. Die *Karlstraße* mündet schon nach kurzer Zeit in den Weg zur Neckarbrücke. An deren Ende gelangt man direkt über eine Treppe zum Bahnhof von *Altbach* (S-Bahn-Linie S 1), von dem aus man die Heimfahrt antreten kann.

27 Hardt – Ulrichstein – Harthausen

Verkehrsmöglichkeiten   Haltestelle Hardt der SSB-Buslinie 74.
Wegmarkierungen   Teilweise unmarkiert, roter Balken, blaues Kreuz.
Tourenlänge   7 Kilometer.
Wanderzeit   2 Stunden.
Höhenunterschiede   50 Meter.
Wanderkarte   Stuttgart und Umgebung (TK 50 SAV, Blatt 14).
Wissenswertes   Der *Ulrichstein* ist ein markantes Naturdenkmal. Hier soll aber auch im Bauernkrieg der Pfeifer von Hardt den württembergischen Herzog Ulrich vor seinen Feinden versteckt haben. Literarisch bekannt geworden ist diese Stelle durch Friedrich Hölderlins Gedicht »Der Winkel von Hardt«.
Tourenbeschreibung   Zunächst orientieren wir uns von der Haltestelle aus an der *Pfeiferstraße,* die uns in die Ortsmitte von Hardt und zum *Pfeiferbrunnen* bringt. Hier lenken wir unsere Schritte mit dem roten Balken des Albvereins nach links bergab. am Ende der Bebauung geht es nach rechts in den Wald, wo wir sofort bergab müssen. Wir bleiben auf diesem Weg bis zum Ende einer Lichtung, wo zwar der markierte Weg nach links weiter talwärts abbiegt, wir uns aber immer geradeaus halten.

Wenn wir nach 300 Metern Pfad auf einen etwas breiteren Querweg stoßen, gehen wir kurz nach rechts und 20 Meter wei-

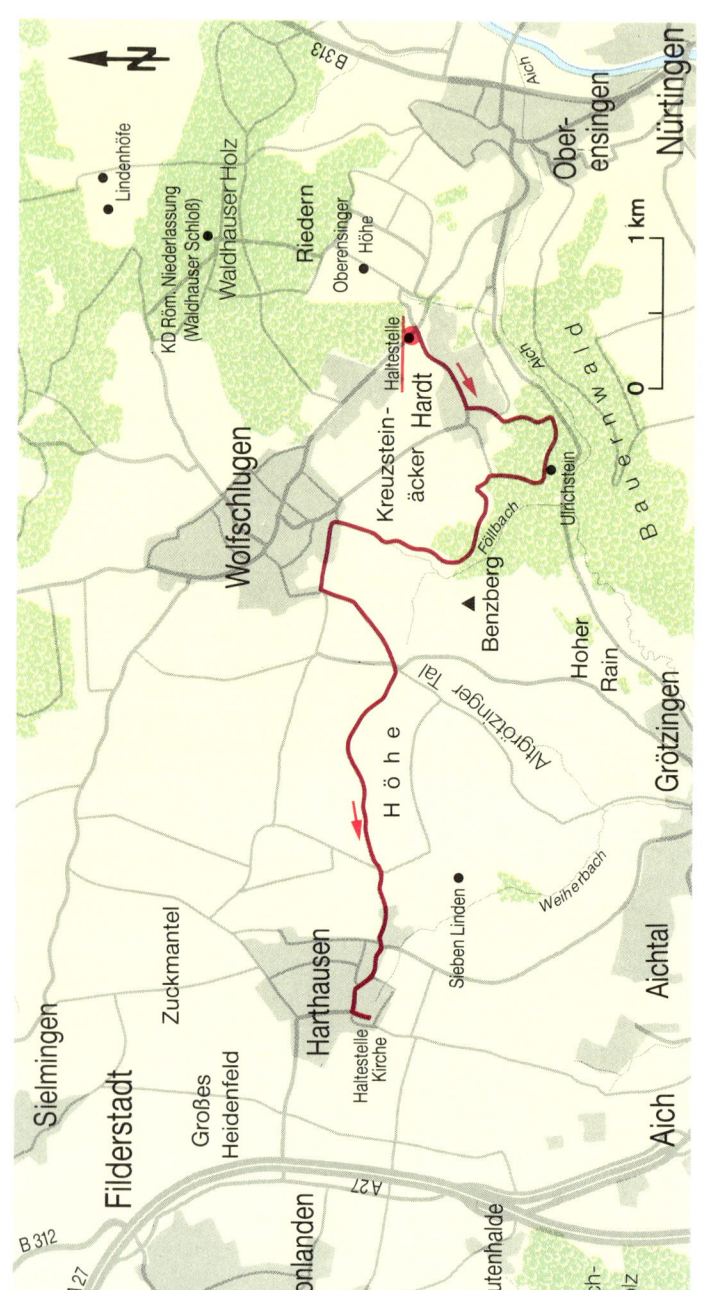

ter nach links, bis wir am sagenumwobenen *Ulrichstein* vorbei-
kommen. 20 Meter danach gabelt sich der Weg (wir wählen den
rechten Ast weiter bergauf).

An einem Bolzplatz treten wir aus dem Wald heraus und spazieren bis zur nächsten Möglichkeit nach links, wo wir unsere
Schritte abermals nach links immer dem Waldrand entlang lenken müssen. Dieser Wiesenweg führt in einen Wald und in
einem Bogen wieder heraus, wobei er sich immer am Rande des
Forstes hält. Am Ende einer Pferdekoppel wandern wir nach
links und schon 50 Meter weiter bei einem Bächlein wieder nach
rechts bis zum Ortsrand von *Wolfschlugen.*

Bei der ersten Straße, auf die wir treffen, müssen wir nach
links bis zum Ende der Bebauung und dort abermals nach links
(Achtung: nicht der Autostraße entlang gehen!). Dieser Feldweg bringt uns zu einer Straße, die wir überqueren. Auf der anderen Seite benutzen wir einen Wiesenweg nach rechts, der sich
immer links von einem Bächlein hält. Wenn dieser Weg in einen
anderen mündet, wenden wir uns nach links und bleiben immer
auf ihm, der uns nach einiger Zeit über ein befestigtes Sträßchen
und die *Carl-Zeiss-Straße* nach *Harthausen* hineinführt. Die
Richtung ändert sich auch an der Ortsdurchfahrt nicht. Es dauert nicht lange, bis wir die *Haltestelle Harthausen Kirche* der
SSB-Buslinien 37 und 75 entdecken.

28 Plattenhardt –
Uhlbergturm – Aich

Verkehrsmöglichkeiten Haltestelle Reutestraße der SSB-Busli-
nie 35.
Wegmarkierungen Roter Balken, blauer Balken.
Tourenlänge Etwa 6 Kilometer.
Wanderzeit Etwa 1½ Stunden.
Höhenunterschiede So gut wie keine.
Wanderkarte Stuttgart und Umgebung (TK 50 SAV, Blatt 14).
Wissenswertes Der *Uhlbergturm* des Schwäbischen Albvereins
bietet von den Fildern aus einen Überblick über den Rand der
Schwäbischen Alb. An seinem Fuße befindet sich ein Grill- und
Rastplatz, der sich vor allem für Familien herrlich zum Verwei-
len eignet.
Tourenbeschreibung Wir gehen auf der *Uhlbergstraße* immer
ortsauswärts. Dort, wo sie in ein Wegdreieck mündet, nehmen
wir für etwa 50 Meter nach rechts die *Waldenbucher Straße.* Bei
den letzten Häusern Plattenhardts schwenken wir mit dem roten

Balken des Schwäbischen Albvereins sofort nach links in Richtung *Wanderparkplatz Uhlbergturm.*

Dort treten wir in den Wald hinein. An einer Weggabelung nur kurze Zeit später bringt uns der linke Strang (immer noch mit dem roten Balken) zum *Uhlbergturm,* der nur kurze Zeit später vor uns aufragt.

Wenn wir vor dem Turm stehen und in Richtung Aichtal und Schwäbische Alb blicken, wenden wir uns nach links auf dem schmalen Weg, der kurze Zeit später steil bergab führt. Nach etwa 300 Metern stoßen wir bei einem weiteren Wanderparkplatz auf ein Asphaltsträßchen und wechseln das Wanderzeichen, das uns ab hier als blauer Balken begleitet – zunächst scharf nach rechts.

An einer Weggabelung gehen wir nach etwa 200 Metern nach links in den Wald hinein. Achtung: nach etwa 2 Kilometern wartet beim Sportplatz des SV 07 Aich eine gefährliche Stelle auf uns. Hier zweigt ein schwierig zu erkennender Pfad steil nach links bergab, wobei wir uns mit Hilfe des blauen Balkens davon überzeugen können, ob wir auf dem richtigen Weg sind. Dann wird es wieder leicht: nach einem kleinen Bächlein heißt es, wieder scharf nach rechts abzuzweigen und unter dem Viadukt der

Bundesstraße 312 Tübingen – Stuttgart hindurch immer geradeaus dem Ort *Aich* zuzuwandern. An der Ortsdurchfahrt angelangt, biegen wir nach links ab und erreichen bald die Haltestelle *Aich Ort* der SSB-Buslinie 75, mit der wir wieder die
Heimfahrt antreten können.

29 Waldenbuch – Kochenmühle – Stetten

Verkehrsmöglichkeiten Haltestelle Waldenbuch Postamt der
SSB-Buslinie 86 sowie der RBS-Buslinien 7600 und 7974.
Wegmarkierungen Teilweise unmarkiert, rotes Kreuz, roter
Punkt.
Tourenlänge 6 Kilometer.
Wanderzeit 1¾ Stunden.
Höhenunterschiede 220 Meter.
Wanderkarte Stuttgart und Umgebung (TK 50 SAV, Blatt 14).
Wissenswertes Im *Naturtheater Stetten* finden im Sommer stets
sehr beliebte Aufführungen für Kinder und Erwachsene statt.
Tourenbeschreibung Von der Haltestelle gehen wir zunächst
einmal der ortsauswärts führenden *Nürtinger Straße* nach, wen-
den uns aber nach 100 Metern zuerst nach rechts und dann jen-
seits der Aich sofort wieder nach links. In der Nähe des Hauses
der Begegnung der evangelischen Kirchengemeinde können wir
nach links durch die *Bahnhofstraße* den Ort verlassen. Bei der
nächsten Brücke müssen wir links in Richtung des Ortsteils *Liebenau* und nach Überqueren einer Straße nach rechts auf der
Straße *Am Waldrand*. Hier stoßen wir auf das rote Kreuz des
Albvereins, das uns schon nach 50 Metern nach links in den
Wald bergauf schickt. Wenn die Höhe erreicht ist, verabschieden
wir uns mit dem Wanderzeichen nach links von dem geteerten
Weg. Nach 200 Metern macht der Waldweg eine spürbare
Rechtsbiegung und bringt uns (immer mehr oder minder geradeaus) bis zur Siedlung *Hasenhof*.
  Wenn wir nach der Reitanlage auf die ersten Wohnhäuser
treffen, lenken wir unsere Schritte nach rechts und wechseln das
Wanderzeichen auf den roten Punkt, der uns nach 100 Metern
kurz nach links und dann nach rechts durch den *Weidacher Weg*
bergab weist. Der Teerweg geht bald auf einen Wiesenweg über,
der nach etwa zwei Dritteln der Lichtung mit einer kurz aufein-
anderfolgenden »Links-Rechts-Kombination« aufwartet. Weiter
steil bergab erreichen wir den Wald, wo wir beim zweiten Quer-

Schlechtsmühle

Stetten
Haltestelle
Lindachschule

Siebenmühlen

Schlößlesmühle   Naturtheater

N

Walzenmühle

Plattenhardt

Kochenmühle

Bärensee

Reichenbach

Hasenhof

Sportanlagen

e n t a l

Waldenbuch

Obere

Haltestelle

Untere
Kleinmichelesmühle

Liebenau

Bachenmühle   Burkhardtsmühle

0   1 km

Neuhauser

Glashütte   Wand

weg erneut zuerst links und nur kurze Zeit später rechts gehen.
Im Talgrund kommen wir mitten in der *Kochenmühle* an.

An deren Ende müssen wir auf einem schmalen Pfad mit dem
roten Punkt nach links bergauf, und zwar bis zum nächsten
Schotterweg, der uns nach links auf die Filderhochebene bringt,
wobei wir nach den Tennisanlagen zuerst nach links, dann wieder nach rechts wandern. Der *Gräbleswiesenweg* leitet uns nach
Stetten hinein, wobei wir auf eine Hauptstraße kommen und
dort nur noch 80 Meter nach rechts bis zur *Haltestelle Lindachschule* der SSB-Buslinie 38 gehen müssen.

30 Seebrückenmühle – Siebenmühlental – Liebenau

Verkehrsmöglichkeiten Haltestelle Seebrückenmühle der SSB-Buslinien 86 und 87 sowie der RBS-Buslinie 7600.
Wegmarkierungen Teilweise unmarkiert, rotes Kreuz.
Tourenlänge 6½ Kilometer.
Wanderzeit 1½ Stunden.
Höhenunterschiede 60 Meter.
Wanderkarte Stuttgart und Umgebung (TK 50 SAV, Blatt 14).

Wissenswertes Das *Siebenmühlental* ist eines der schönsten noch weitgehend naturbelassenen Täler im Großraum Stuttgart. Romantische Mühlen sorgen für einen besonderen Reiz.

Tourenbeschreibung Wir orientieren uns zunächst am großen Wanderparkplatz an der Seebrückenmühle, da die Haltestellen der SSB und des RBS etwa 50 Meter auseinanderliegen. Nachdem wir den Parkplatz durchquert haben, wandern wir mit dem roten Kreuz des Albvereins auf der linken Seite des *Siebenmühlentales*. Wenn der Weg nach zwei Kilometern etwas ansteigt, müssen wir gut aufpassen: hier schickt uns das Wanderzeichen steil nach rechts bergab zur *Schlößlesmühle*. Hier gehen wir nach rechts über den *Reichenbach* und schon 50 Meter nach der Brücke mit dem roten Kreuz wieder nach links. Wir bleiben immer auf diesem Weg – und verabschieden uns erst 350 Meter, nachdem er auf einen Teerweg übergegangen ist, nach rechts bergauf. Bald stoßen wir auf einen Querweg, dem wir nur 50 Meter nach links folgen. Dann gehen wir wieder steil bergauf nach rechts bis zu einem breiten geschotterten Querweg kurz vor Ende des Waldes. Ihm schließen wir uns nach links an, denn er bringt uns in einem weiten Bogen durch den Wald bis zur *Haltestelle Waldenbuch-Liebenau* der SSB-Buslinien 86 und 87 sowie der RBS-Buslinien 7600 und 7974.

31 Rohrer Höhe – Mäulesmühle – Seebrückenmühle

Verkehrsmöglichkeiten Haltestelle Rohrer Höhe der SSB-Buslinie 82.

Wegmarkierungen Teilweise unmarkiert, blaues Kreuz, roter Punkt, blauer Balken, rotes Kreuz.

Tourenlänge 11 Kilometer.

Wanderzeit Etwa 3¼ Stunden.

Höhenunterschiede Etwa 100 Meter.

Wanderkarte Stuttgart und Umgebung (TK 50 SAV, Blatt 14).

Wissenswertes Die *Mäulesmühle* ist eine der beliebtesten Volksbühnen des Großraums Stuttgart. Ihre schwäbischen Schwänke sorgen schon seit Jahren für Vergnügen.

Tourenbeschreibung Von der Haltestelle aus orientieren wir uns an der Straße *Am Wildwechsel* und gehen durch sie im Zickzack zum Waldrand, wo wir uns nach links wenden und nach etwa 100 Metern über ein Brückchen die Autobahn überqueren. Hier wandern wir auf einem breiten Pflasterweg immer geradeaus, bis nach etwa 400 Metern der erste Asphaltweg nach links

Zu Tour 31 **Mäulesmühle mit Kommedescheuer**   (Foto: Ulrich Schnabel)

abzweigt. Ihm folgen wir für etwa 40 Meter, dann geht es nach rechts weiter auf einem Waldweg. Nach Überqueren eines kleinen Querwegs gelangen wir immer tiefer in den Wald hinein. An einem Häuschen richten wir unsere Schritte kurz nach links und dann wieder mit dem Wanderzeichen des blauen Kreuzes nach rechts.

Wenn das nächste Mal wieder ein Schotterweg quert, marschieren wir über ihn hinweg geradeaus auf einen ganz schmalen Fußpfad, der nach kurzem einen Rechtsschwenk macht und uns wieder auf den Pflasterweg bringt. Ihm schließen wir uns nach links an – bis unmittelbar hinter der Brücke über die Bahnlinie.

Hier heißt es, die Richtung und das Wanderzeichen nach links zu wechseln. Jetzt gilt nämlich der rote Punkt, der uns etwa 100 Meter weiter wieder nach rechts schickt. Nach etwas mehr als 1 Kilometer kommen wir kurz vor einer Lichtung zu einer Kreuzung mehrerer Wege.

Hier folgen wir wieder für kurze Zeit dem blauen Kreuz nach rechts und an einer Gabelung sofort wieder nach links bergauf. Nach etwa 500 Metern mündet dieser Weg in einen anderen. Wir entscheiden uns für den linken Strang (bergab), bis er auf einer Talsohle wieder in einen anderen übergeht, dem wir nach rechts folgen.

An der *Unteren Schafsklinge* kommen wir an einer Grillstelle vorbei. 300 Meter weiter sehen wir linker Hand ein kleines

Brückchen. Genau gegenüber zweigt unser Wanderweg (mit
dem blauen Balken) nach rechts bergauf ab. Wo er auf eine
Wegspinne trifft, verabschieden wir uns wieder von der Markierung und wandern nach links auf einem Schotterweg weiter.

Das nächste Mal ist unsere Aufmerksamkeit gefordert, wenn
wir nach einem Fernsehumsetzer auf eine Straße treffen. Hier
müssen wir nach rechts, und wenn sich etwa 40 Meter weiter
zwei Wanderwege gabeln, nehmen wir den linken (rotes Kreuz
und blauer Balken).

Dies gilt jedoch nur, bis wir am Fuße einer Senke nach links
auf einem unmarkierten Weg in den Wald hineingehen können.

Es ergibt sich keinerlei Veränderung, bis wir nach Unterqueren einer Brücke zu einer Straße kommen, wo wir links die Mäulesmühle sehen.

Unser Weg führt jedoch etwa 50 Meter an der Straße entlang nach rechts, bis wir bei der ersten Möglichkeit nach rechts und dann sofort wieder nach links bergauf marschieren können. Nach etwa 150 Metern kommen wir bei einem asphaltierten Weg an, den wir nach links mit dem roten Kreuz benutzen. Etwa 50 Meter nach einer Brücke biegt der nicht leicht zu erkennende Wanderweg nach links bergab ab und lenkt unsere Schritte zu einem Wanderparkplatz und der *Haltestelle Seebrückenmühle* der SSB-Buslinien 86, 87 und der RBS-Buslinie 7600.

32 ## Musberg – Hohenwart – Sulzbachtal – Rauhmühle – Waldenbuch

Verkehrsmöglichkeiten Haltestelle Musberg Kirche der SSB-Buslinien 35, 36, 38 und 86.

Wegmarkierungen Teilweise unmarkiert, blauer Balken, rotes Kreuz, blaues Kreuz, blauer Punkt.

Tourenlänge Etwa 12 Kilometer.

Wanderzeit Etwa 3½ Stunden.

Höhenunterschiede Etwa 80 Meter.

Wanderkarte Stuttgart und Umgebung (TK 50 SAV, Blatt 14).

Wissenswertes Der *Aktivspielplatz Musberg* bietet gleich zu Beginn für Kinder herrliche Möglichkeiten zum Austoben. Ausruhen kann man sich an mehreren Grillstellen entlang des Weges.

Tourenbeschreibung Von der Kirche aus wandern wir leicht bergab in die *Böblinger Straße,* die uns aus dem Ort hinaus bringt. Wir folgen dem blauen Balken des Albvereins über ein Brückchen und müssen danach am *Aktivspielplatz Musberg* vorbei wieder bergauf zu einem Wanderparkplatz, an dem wir mit dem blauen Balken geradeaus die Fahrstraße verlassen. Bergauf geht es entlang einer Obstwiese, an deren Ende uns das Wanderzeichen nach rechts schickt. Etwa 200 Meter weiter müssen wir aufpassen: nach links zweigt ein nur schwer erkennbarer Waldpfad mit dem blauen Balken ab. Wir befinden uns auf dem richtigen Weg, wenn wir kurz nach Betreten des Waldes bemerken, daß der Pfad leicht nach rechts und nach hundert Metern leicht bergab verläuft. Wir bleiben immer auf diesem Weg, auch wenn uns die blaue Markierung einmal verläßt. Wir machen mit

Oberaichen

Unter-
aichen

Leinfelden-Echterdingen

Leinfelden

Musberg

Kirche

Eichberg

Reichenbach

Dornbiegel

Federles-
mahd

H o h e n w a r t

Siebenmühlental

Neue Äcker
Schutzhütte

Sulzbach

Sulzbach

Steinenbronn

R o t e r

B e r g

Hochwasser-
Rückhaltebecken
Sulzbach

Steinenberg

B 27

Aich

Obere
Rauhmühle
Untere

Laubbach

Obere Sägmühle

Waldenbuch

Rotes Kleb

Rohrwiesensee

Liebenau

Haltestelle

Aich

Kirche

Faulbach

0   1 km

Weiler Berg

Segelbach

Glashütte

unserem ursprünglichen Waldsträßchen einen leichten Linksbogen, bis wir nach einiger Zeit auf die erste breite geschotterte Querstraße mit dem roten Kreuz des Albvereins treffen und nach rechts bergauf gehen.

Etwa 400 Meter weiter zweigt im spitzen Winkel nach rechts die *Dachsbauallee,* eine gut erkennbare Schotterstraße, ab, der wir uns anschließen, bis wir auf eine Grillstelle und gleichzeitig wieder auf den blauen Balken des Albvereins stoßen, der uns nach links weist. Schon nach 400 Metern kommen wir an der nächsten Wegspinne an, wo wir uns an einer Grillstelle mit Schutzhütte orientieren und mit dem Wanderzeichen rechts an ihr vorbei weiter in den Wald gehen.

150 Meter weiter dürfen wir die Abzweigung unseres Weges mit dem blauen Balken nicht verpassen, der sich nach rechts absenkt. Den ersten Querweg lassen wir noch außer acht, aber auf dem nächsten lenken wir unsere Schritte nach links. Nach rund 400 Metern heißt es erneut »Vorsicht«: hier zweigt unser Weg nach rechts ins *Sulzbachtal* ab und langt nach einigen Minuten an einem Brückchen an, auf dem wir über den Bach und schon etwa 40 Meter weiter nach links in den Wald hinein wandern. (Achtung: wir dürfen auf keinen Fall über das in der Nähe befindliche zweite Brücklein!). Nach 50 Metern heißt die Richtung »links«, und etwa 40 Meter, bevor wir eine Straße erreichen, weist uns das Wanderzeichen erneut nach links auf einen abermals nur schwer erkennbaren Pfad. Wenn wir nach 100 Metern über zwei kleine Stege einen Tunnel unter der Straße hindurch erreicht haben, ist alles in Ordnung.

Dieser Pfad führt uns 250 Meter weit immer an einem Bächlein entlang. Dann stoßen wir auf einen Schotterweg, den wir nur kurz nach links bergan gehen, bevor wir bei der ersten Möglichkeit wieder nach rechts hangabwärts wandern. Wo sich der Weg am Rande des *Hochwasserrückhaltebeckens Sulzbach* gabelt, halten wir uns rechts und marschieren immer etwas oberhalb des Sees stetig ansteigend. Etwa 100 Meter nach dem höchsten Punkt müssend wir auf einen kleinen Treppenweg, der nach links durch den Wald zu einer Straße führt, achten.

Hier wenden wir uns nur kurz nach links und dann sofort wieder jenseits der Straße nach rechts der *Oberen Rauhmühle* zu. Dort gehen wir auf einem Teersträßchen nach rechts bergauf. Aber schon nach 200 Metern verabschieden wir uns von diesem Wanderzeichen und vertrauen uns nach links dem blauen Kreuz an. Wir gehen bis zu einer Grillstelle, wo zwar das Wanderzeichen wechselt (auf den blauen Punkt), aber nicht unsere Marschrichtung, die immer am Waldrand entlang führt. (Dies ist wichtig, weil der blaue Punkt zugleich auch zu einem Wander-parkplatz an der Aich führt.) Wir lenken unsere Schritte nach etwa 200 Metern über ein Brücklein und an der Weggabelung vor dem Wald wieder nach links.

Am *Rohrwiesensee* können wir nochmals grillen und rasten, bevor wir über ein Teersträßchen immer am Waldrand entlang nach *Waldenbuch* kommen. An einer schönen Linde treffen wir auf die Ortsdurchfahrt, der wir uns nach links bergab anschlie-ßen. 100 Meter hinter der Brücke über die Aich stoßen wir auf die *Haltestelle Waldenbuch Postamt* der SSB-Buslinien 86 und 87 sowie der RBS-Buslinien 7600 und 7974.

33 Aich – Neuenhaus – Liebenau

Verkehrsmöglichkeiten Haltestelle Aich Ort der SSB-Buslinie 75.

Wegmarkierungen Teilweise unmarkiert, roter Punkt, rotes Kreuz.

Tourenlänge 8 Kilometer.

Wanderzeit 2½ Stunden.

Höhenunterschiede 50 Meter.

Wanderkarte Stuttgart und Umgebung (TK 50 SAV, Blatt 14).

Wissenswertes Das *Häfnermuseum Neuenhaus* bietet einen Überblick über die Geschichte des Töpfergewerbes, das früher den Ort ernährte, heute aber ausgestorben ist.

Tourenbeschreibung Von der Haltestelle aus wandern wir aus dem Ort hinaus in Richtung Neuenhaus und am Ortsende nach rechts in die Straße *Im Gewand,* dann sofort nach links in den *Heideweg,* über den wir Aich endgültig verlassen. An einer Ga-belung unmittelbar nach dem *Aichtalviadukt* der B 27 wählen wir den rechten Ast, der uns nach einem Linksbogen zum *Sportplatz Aich* bringt.

Hier halten wir uns geradeaus bergauf, aber nur bis nach etwa 100 Metern ein Waldweg nach links abzweigt. Kurz vor dem Ende des Waldes macht er schon wenig später einen Rechts-bogen. An der nächsten Kreuzung gehen wir nach links aus dem Wald hinaus, nach einer Wiese nochmals kurz durch den Wald und danach nach links. Am Ortsrand von *Neuenhaus* wenden wir unsere Schritte nach rechts in das *Mühlgäßle*. Wenn wir zur Ortsdurchfahrt kommen, geht es nach links und an der nächsten Kreuzung nach rechts in die *Häfnerstraße,* auf der wir die Kirche erreichen.

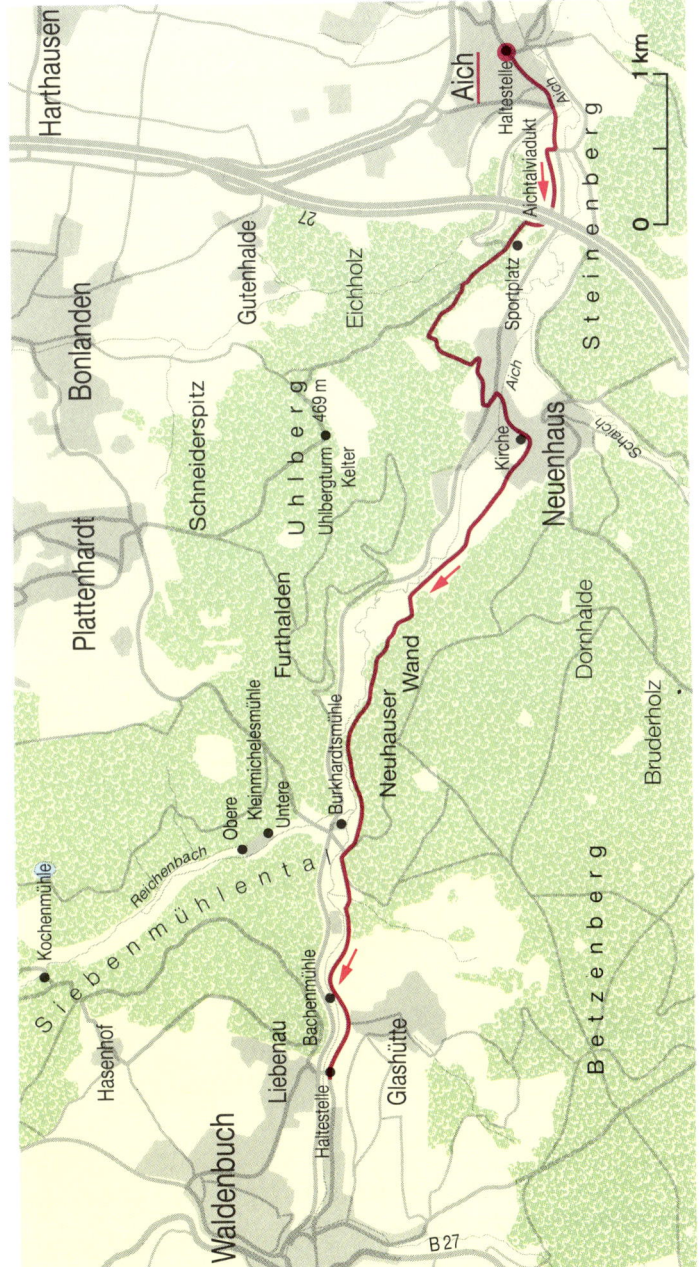

Aich

Haltestelle

Aich

Aichtalviadukt

Steinenberg

Harthausen

Bonlanden

Gutenhalde

Eichholz

27

Sportplatz

Aich

Schaich

Plattenhardt

Schneiderspitz

Uhlberg

469 m

Uhlbergturm

Kelter

Kirche

Neuenhaus

Furthalden

Neuhauser Wand

Dornhalde

Bruderholz

Obere
Kleinmichelesmühle
Untere

Burkhardtsmühle

Reichenbach

Kochenmühle

Siebenmühlental

Betzenberg

Hasenhof

Bachenmühle

Liebenau

Glashütte

Waldenbuch

Haltestelle

B 27

1 km

0

Hinter ihr folgen wir dem roten Punkt nach rechts in die *Kanalstraße* und an deren Ende einem Feldweg ins *Aichtal*. Bei einer Einmündung nach etwa 1 Kilometer lenken wir unsere Schritte nach links und sofort wieder nach rechts. Wir behalten immer diesen Weg bei, der uns nach 2 Kilometern an einem Grillplatz vorbei bringt. Kurze Zeit später treffen sich einige Wege. Wir verbleiben in unserer Wanderrichtung im Tal. Nach einem Rechtsbogen stoßen wir auf einen Asphaltweg, dem wir uns nach links anschließen. – Am Ortsrand von *Glashütte* gehen wir mit dem roten Kreuz geradeaus entlang einer Straße. Wir kommen zu einer Brücke, überqueren sie und sehen auf der anderen Seite bereits die *Haltestelle Waldenbuch-Liebenau* der SSB-Buslinie 86 sowie der RBS-Buslinien 7600 und 7974.

Zu Tour 33 **Aichtal**   (Foto: Ulrich Schnabel)

34 Schlaitdorf – Schaichtal – Betzenberg – Neuenhaus – Schlaitdorf

Verkehrsmöglichkeiten Haltestelle Schlaitdorf Rathaus der SSB-Buslinie 75.
Wegmarkierungen Teilweise unmarkiert, blauer Balken, blauer Punkt, Nummer 4, roter Balken.
Tourenlänge Etwa 14 Kilometer. **Wanderzeit** Etwa 3½ Stunden.
Höhenunterschiede Etwa 350 Meter.

Wanderkarte 1:50 000 Blatt L 7320 Stuttgart-Süd.

Wissenswertes *Schaichtal* siehe Tour 3. – In *Neuenhaus* kann man im Gartenhallenbad Wasserfreuden genießen. – Über die gesamte Strecke sind Grillstellen mit Spielmöglichkeiten für Kinder verteilt.

Tourenbeschreibung Vom *Rathaus* aus benutzen wir den Gehweg entlang der Straße Richtung Häslach. Am Ortsende bringt uns ein asphaltierter Weg, der keine Markierung trägt, nach rechts von ihr weg. Erster Orientierungspunkt ist nach etwa 100 Metern ein Aussiedlerhof auf der linken Seite. Der Teerbelag geht etwas später in Schotter über. Wir bleiben auf diesem Weg, der nach etwa 300 Metern eine scharfe Rechtskehre macht. Dieser leicht zu erkennende Hauptweg führt nach kurzer Zeit unter der vierspurigen Bundesstraße 27 hindurch, hinter der wir sofort nach links abbiegen. Nach etwa 800 Metern zweigt nach rechts ein breiter Weg in Richtung Tal ab. Schon 200 Meter weiter heißt es auf den blauen Balken des Albvereins zu achten, der auf einen schmalen und steil abfallenden Pfad weist. Nach einigen Minuten voller Romantik entdeckt man schon die *Schaich*, an deren Ufer man auf den hübsch gelegenen Grillplatz am *Heilbrunnen* stößt. Ab hier wenden wir unsere Schritte auf einem Teersträßchen nach links talaufwärts. Nach 200 Metern biegt auf einer Lichtung ein Weg nach rechts wieder in Richtung Talsohle ab. Kurz hinter einem Brückchen über die Schaich schickt uns der blaue Punkt nach links. Auf diesem Weg passieren wir den *Schlüsselsee*, eines der schönsten Biotope dieses ökologisch so wertvollen Tales.

An einer Wegspinne vertrauen wir uns weiterhin dem blauen Punkt an – diesmal nach rechts bergauf. Dort, wo der steile Pfad auf ein Schottersträßchen trifft, verlassen wir den Wanderweg nach links und gehen leicht nach links bergauf. An einer herrlichen Waldwiese mit Grill- und Spielmöglichkeit samt einem Blockhaus zum Rasten wenden wir uns nach rechts leicht bergauf. Ein markanter Stein, der die Grenze zwischen vier Waldteilen signalisiert, bedeutet den nächsten wichtigen Punkt unserer Tour: der Wanderweg Nummer 4 bestimmt das nächste (ebene) Teilstück auf dem *Betzenberg* – zunächst nach rechts. Kurze Zeit später lassen wir eine Kreuzung unberücksichtigt und verlassen uns ganz auf den Hauptweg, der nach etwa 2 Kilometern relativ gerader Strecke im rechten Winkel nach links abbiegt.

Wenn wir etwa 200 Meter weiter an der nächsten Grillstelle eintreffen, können wir sicher sein, daß wir uns nicht verlaufen haben. Wir bleiben auch hier der Nummer 4 treu. Am Ende des Waldes treffen wir auf die Sportanlagen von *Neuenhaus*, wobei

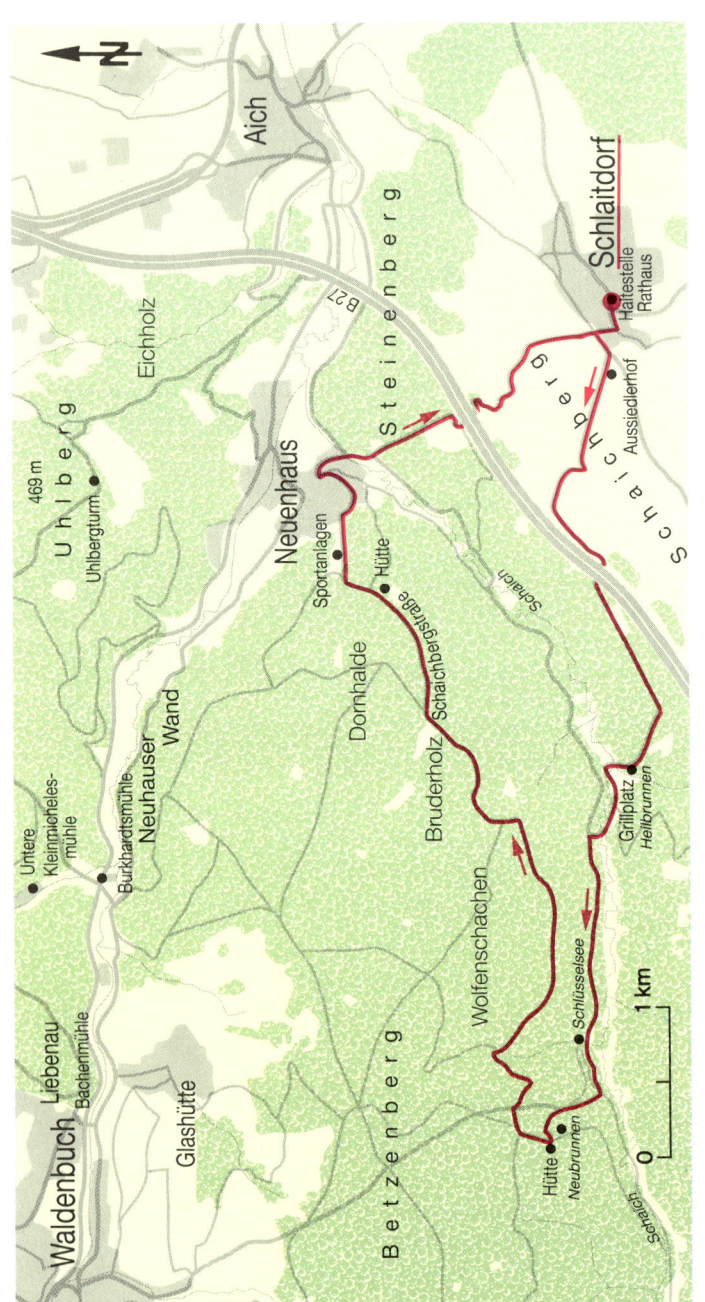

für Wanderer vor allem das Gartenhallenbad von Interesse ist.
Es geht ab hier auf einem steilen Sträßchen bergab in das Dorf
hinein. Am Ende des Gefälles müssen wir scharf nach rechts erneut in Richtung Schaich. Unser Begleiter ab dort ist der rote
Balken, der uns fast immer geradeaus wieder unter der B 27
hindurch nach *Schlaitdorf* bringt.

35 Herrenberg – Kalter Brunnen – Hildrizhausen – Böblingen

Verkehrsmöglichkeiten Bahnhof Herrenberg, DB-Strecke 740
(Gäubahn), RBS-Buslinien 7945 und 7955 (außerhalb des VVS-
Tarifgebiets).
Wegmarkierungen Teilweise unmarkiert, blau-gelbe Raute,
blaues Kreuz.
Tourenlänge 17 Kilometer. **Wanderzeit** 5 Stunden.
Höhenunterschiede Etwa 250 Meter.
Wanderkarte 1:50 000 Blatt L 7318 Calw.
Wissenswertes Die mächtige Stiftskirche, die das Ortsbild von
Herrenberg beherrscht, wurde von 1276 bis 1293 und zwischen
1470 bis 1490 in ihrer heutigen Form (einer dreischiffigen Hal-
lenkirche) erbaut – als älteste ihrer Art in Württemberg, die
noch erhalten ist. Draußen am Turm hängt die Arme-Sünder-
Glocke, die um 1190 gegossen wurde und in Württemberg an
Alter ebenfalls von keiner übertroffen wird. Sehenswert ist auch
das gotische Chorgestühl. Die Ruine des Schlosses beeindruckt
ebenso wie der schöne Blick von der Terrasse (unter anderem
zur Wurmlinger Kapelle). – Der Chor der Kirche von *Hildrizhausen* entstammt einer frühromanischen Basilika aus dem 10.
Jahrhundert.
Tourenbeschreibung Vom Bahnhof aus gehen wir nach links
und mit der blau-gelben Raute des Schwarzwaldvereins ortsein-
wärts. An einer großen Kreuzung benützen wir die Unterführung und gelangen so in die Fußgängerzone, wo wir den *Marktplatz* als nächstes Ziel wählen und immer bergauf an der *Stiftskirche* ankommen. Hinter der Kirche wandern wir nach links
immer den Berg hinauf. Schon 80 Meter weiter gehen wir nach
rechts über Treppen in die *Burghalde,* die früheren gräflichen
Weinberge (die sich jetzt als Park präsentieren und an deren
Ende wir die Höhe erreicht haben).

Danach durchqueren wir immer geradeaus auf einem Teerweg
das *Rote Meer* mit seiner 400jährigen Eiche und kommen langsam in den Schönbuch hinein. Rechts sehen wir die *Jahnhütte*

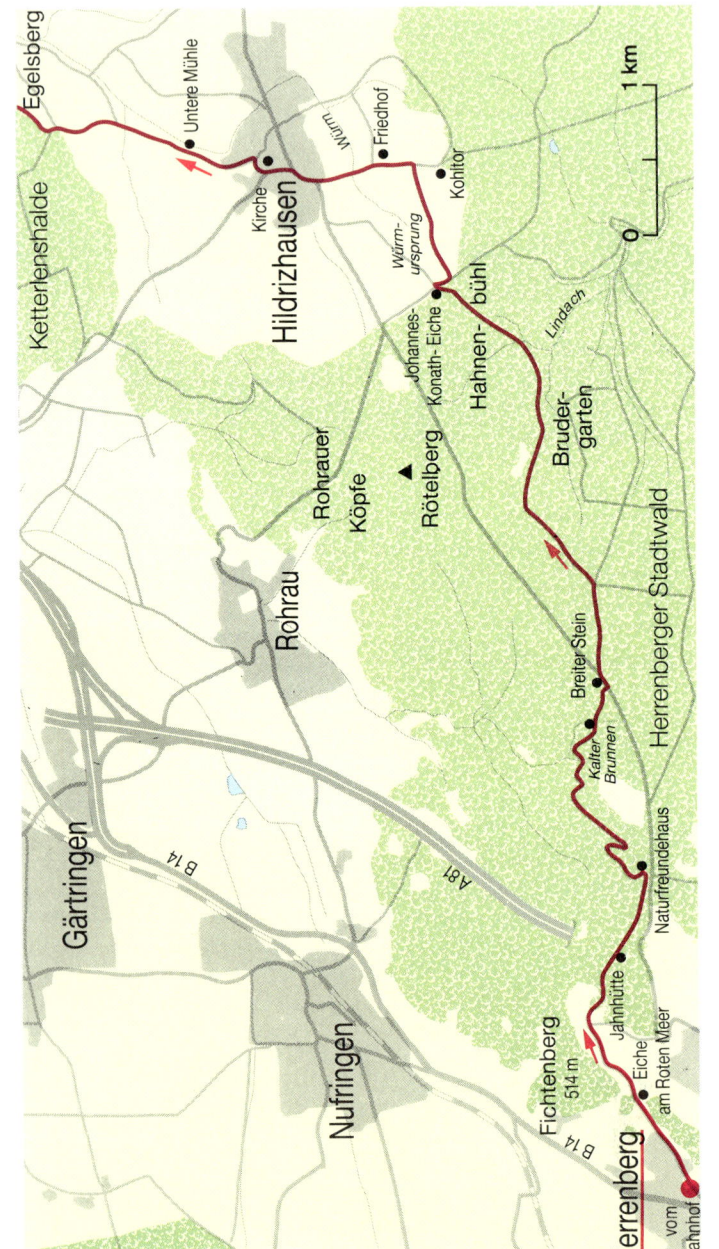

N

1 km

0

Egelsberg

Ketterlenshalde

Untere Mühle

Kirche

Hildrizhausen

Wurm

Friedhof

Kohltor

Würm-
ursprung

Johannes-
Konath-Eiche

Hahnen-
bühl

Lindach

Bruder-
garten

Rohrauer
Köpfe

Rötelberg

Rohrau

Herrenberger Stadtwald

Breiter Stein

Kalter
Brunnen

Gärtringen

B 14

A 81

Naturfreundehaus

Nufringen

Jahnhütte

Fichtenberg
514 m

Eiche

am Roten Meer

B 14

Herrenberg

vom
Bahnhof

mit einem Grill- und Spielplatz. Unmittelbar vor dem *Natur-freundehaus* biegt nach links ein Weg mit der blau-gelben Raute ab. Schon 80 Meter weiter müssen wir überaus aufmerksam sein: ein schwer erkennbarer Fußpfad führt hier nach rechts in den Wald. Wer sicher sein möchte, kann auch 100 Meter weiter gehen und auf einem Schotterweg nach rechts abbiegen. Etwa 200 Meter weiter stößt er wieder auf den Wanderweg, der hier nach links als schmaler Weg mit dem Zeichen in den Wald hin-ein führt.

Nach 200 Metern kreuzt unser romantischer Pfad erneut einen Schotterweg. Wir bleiben ihm jedoch weiterhin treu. Etwas mehr als 1 Kilometer schlängelt sich der wunderschöne Pfad immer wieder entlang von Geländeeinschnitten durch den Wald, trifft dann auf einen Schotterweg und führt auf der anderen Seite über ein Brückchen am Naturdenkmal *Kalter Brunnen* vorbei erneut durch einen Geländeeinschnitt bergauf.

Auf der Höhe schauen wir nach rechts und entdecken dort eine Straße, der wir etwa 50 Meter nach links folgen, bis nach rechts ein Weg zu einem Wanderparkplatz abzweigt. Hier gehen wir etwa 400 Meter geradeaus und passen gut auf, wenn sich von rechts ein Schotterweg nähert. Nur etwa 20 Meter weiter führt nach links ein schmaler Pfad mit dem blauen Kreuz des Albvereins, der uns immer mehr oder minder geradeaus nach etwas mehr als 2 Kilometern aus dem Wald hinaus bringt. Hier wenden wir uns für etwa 30 Meter nach rechts und dann sofort wieder nach links auf einen Feldweg. Wenn er in einen anderen mündet, gehen wir nach links und am Friedhof vorbei nach *Hildrizhausen*.

An der Ortsdurchfahrt müssen wir nach rechts und nach 150 Metern wieder links. Nach der Kirche schickt uns das Wanderzeichen nach rechts in die *Hölderlinstraße* und 100 Meter weiter nach links. Hier geht es geradeaus bis zum Waldrand, wo sich der Weg gabelt. Wir nehmen den rechten Ast bergab mit der blau-gelben Raute, passen aber schon 40 Meter weiter gewaltig auf: das Wanderzeichen weist nach rechts auf einen nur äußerst schwer erkennbaren Pfad, der sich immer am Waldrand hält und

Zu Tour 35 **Herrenberg**   (Foto: Ulrich Schnabel)

Zu Tour 35 **Herrenberg**   (Foto: Stadtverwaltung Herrenberg)

danach über eine Wiese erneut den Wald erreicht. Wenn wir auf den Scheitel einer Kurve eines Schotterweges treffen, lenken wir unsere Schritte sofort nach rechts. Auf einem romantischen Weg bleiben wir, bis wir den Wald wieder verlassen und gleich bei der nächsten Möglichkeit nach links leicht bergab können. An einer Straße geht es nach rechts und dann links um die Kirche des ehemaligen *Schlosses Mauren* herum, wo sich auch eine Grillstelle befindet.

Nach 30 Metern ist unsere Aufmerksamkeit erneut gefordert: hier beschreibt der Wanderweg einen Rechtsbogen und strebt dann schnurstracks dem Wald zu, vor dem unser Weg wieder nach links weiterführt. Ihm bleiben wir treu, auch wenn sich das Wanderzeichen zwischenzeitlich nach rechts verabschiedet – eine Straße ist für uns schließlich das Signal, uns noch für kurze Zeit nach rechts zu wenden. Dann wartet schon die Haltestelle *Böblingen Kreistierheim* der RBS-Buslinie 7945 auf uns.

36 Böblingen – Schönaich – Waldenbuch

Verkehrsmöglichkeiten Haltestelle Böblingen Schönbuch-straße der RBS-Buslinie 7955.

Wegmarkierungen Teilweise unmarkiert, blauer Punkt, blaues Kreuz.

Tourenlänge 11 Kilometer.

Wanderzeit 2¾ Stunden.

Höhenunterschiede 120 Meter.

Wanderkarte Stuttgart und Umgebung (TK 50 SAV, Blatt 14).

Wissenswertes Direkt am Wanderweg liegt das zwar kleine, aber sehr feine Freibad von *Schönaich.*

Tourenbeschreibung Wenn wir von der Stadtmitte von Böblin-gen angekommen sind, wählen wir von der Haltestelle aus den Weg über eine Brücke in das gegenüberliegende Gewerbegebiet und dann ein Stück bergab. Am Ende der Senke biegt nach rechts die *Tiergartenstraße* mit dem blauen Punkt des Albvereins ab. Nach 200 Metern zweigt ein kleines Sträßchen nach rechts ab, das nach kurzem rechts am Kleintierzüchterheim vorbei-führt. Nach einer Senke steigt der Weg wieder an. Wir müssen am Waldrand sehr aufmerksam sein: hier müssen wir geradeaus auf einen schmaleren Pfad. (Nach halbrechts verläuft auch ein Wanderweg, der für uns jedoch keine Bedeutung hat.)

Nach Überqueren einer Bahnlinie haben wir bald ein »Zwi-schenhoch« erreicht, wo wir geradeaus weitergehen, bis nach einem Gefälle und einer nur kurzen Steigung jenseits des *Krä-henbachs* ein Weg nach links führt. Wir entscheiden uns für ihn, obwohl er kein Wanderzeichen mehr trägt. Bald haben wir das Freibad von *Schönaich* erreicht, gehen an dessen Ende links und dann mit dem blauen Kreuz sofort wieder nach rechts bis zu einer Hauptverkehrsstraße.

Wir überqueren sie und gehen auf der anderen Seite wieder mit dem Wanderzeichen nach rechts und beim nächsten Teerweg gleich wieder links. Bei einem Einschnitt ins Gelände leitet uns ein anderer Weg nach rechts bis zur *Bushaltestelle Wolfenmühle,* wo wir erneut eine Straße überqueren und uns geradeaus halten. 50 Meter nach Ende eines Rechtsbogens müssen wir aufpassen, daß wir den scharf nach links abzweigenden Wanderweg nicht verpassen. Dort, wo er aus dem Wald heraustritt, halten wir uns immer genau am Waldrand (auch wenn uns das Wanderzeichen mal nach rechts schicken will). Wo der Pfad wieder in den Wald gelangt, gehen wir zunächst rechts und bei der Einmündung in einen breiten geschotterten Querweg nach links. Kurze Zeit spä-

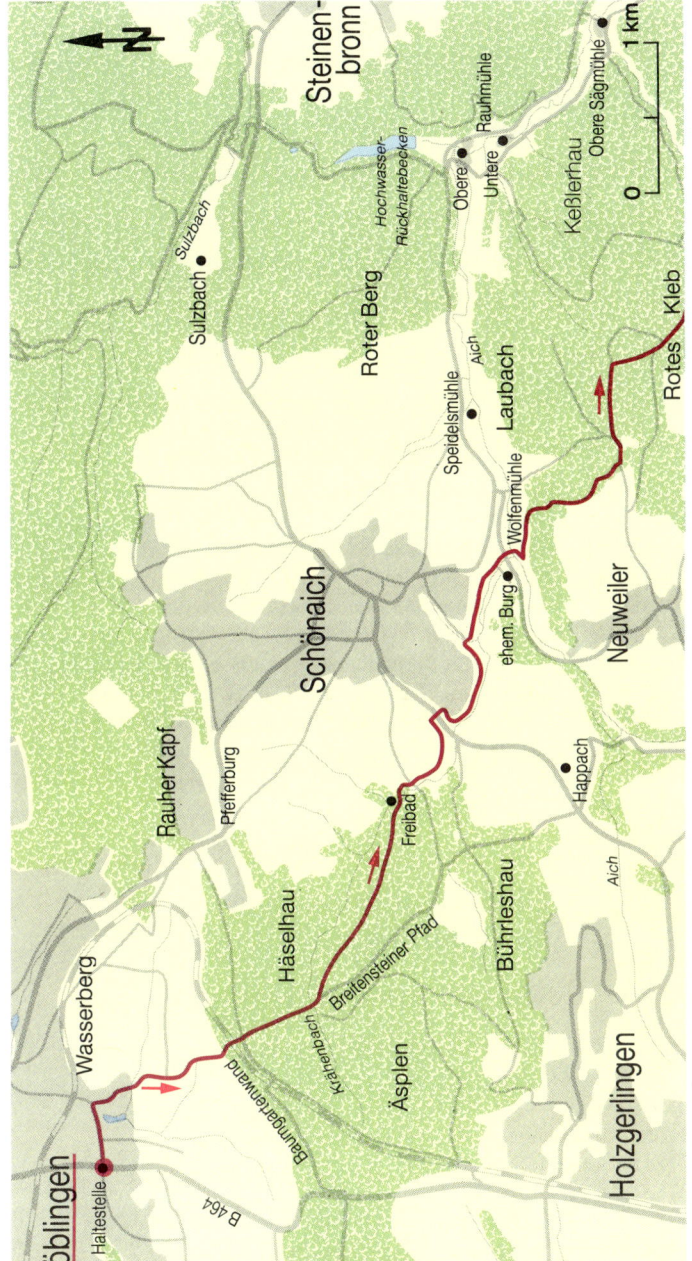

Böblingen

Haltestelle

Wasserberg

B 464

Baumgartenwand

Krähenbach

Häselhau

RauherKapf

Pfefferburg

Breitensteiner Pfad

Freibad

Äsplen

Bührleshau

Schönaich

ehem. Burg

Wolfenmühle

Happach

Aich

Neuweiler

Rotes Kleb

Speidelsmühle

Laubach

Aich

Roter Berg

Sulzbach

Sulzbach

Hochwasser-
Rückhaltebecken

Obere

Untere

Raulmühle

Keßlerhau

Obere Sägmühle

Steinen-
bronn

Holzgerlingen

1 km

0

N

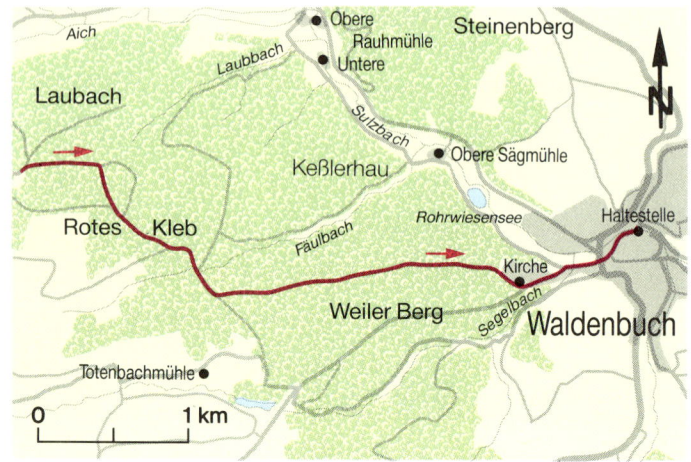

ter stoßen wir wieder auf das blaue Kreuz und gehen geradeaus weiter, bis uns nach etwa 500 Metern das Wanderzeichen nach rechts weist. Wir bleiben immer auf diesem Weg, bis das blaue Kreuz unsere Schritte nach links lenkt.

Nach etwa 2 Kilometern erreichen wir den Ortsrand von *Waldenbuch,* wo wir durch die *Weilerbergstraße* bergab kommen, bis nach links der Weg mit dem Namen *Uhlandshöhe* abzweigt. An seinem Ende gehen wir über eine Treppe nach links und müssen nur noch 200 Meter zurücklegen, bis wir die Haltestelle *Waldenbuch Postamt* der SSB-Buslinien 86 und 87 und der RBS-Buslinien 7600 und 7974 entdecken.

37   Goldberg – Sulzbachtal – Steinenbronn

Verkehrsmöglichkeiten Haltestelle Goldberg der S-Bahn-Linie S 1.
Wegmarkierungen Weitgehend unmarkiert, roter Punkt, blauer Punkt, blauer Balken.
Tourenlänge 10 Kilometer.   **Wanderzeit** 2¾ Stunden.
Höhenunterschiede Etwa 80 Meter.
Wanderkarte Stuttgart und Umgebung (TK 50 SAV, Blatt 14).
Wissenswertes *Steinenbronn* hat seine Ortsmitte heimelig restauriert. Neubauten fügen sich harmonisch in den Rahmen der Fachwerkhäuser ein.

Tourenbeschreibung Oberhalb des S-Bahnhofs befindet sich auf einer überdachten Brücke eine Bushaltestelle, die unseren ersten Orientierungspunkt darstellt. Wir gehen auf der der Bebauung abgewandten Seite der Bahnlinie kurz nach rechts und sofort auf einen Geh- und Radweg nach links. Schon bald erreichen wir eine Straße, entlang der wir uns bis zur nächsten Kreuzung begeben, und die wir ebenso wie die 50 Meter darauffolgende Einmündung überqueren. Wir müssen noch etwa 150 Meter entlang einer Straße wandern, bevor wir sie bei der ersten Gelegenheit nach links verlassen können. Ein Forststräßchen leitet uns bis zu einer Kreuzung mit einer Fahrstraße, die wir überqueren und auf der wir mit dem roten Punkt des Albvereins rechts am *Ferienwaldheim Heuweg* vorbeigehen.

Am Ende eines Parkplatzes können wir nach rechts und nach 30 Metern ohne Wanderzeichen nach links über ein Brückchen gehen. Wir befinden uns jetzt auf einem schmalen Pfad, dem wir bis zu einer Kreuzung folgen, bei der wir geradeaus weitermarschieren. 200 Meter weiter stehen wir vor einer großen Kreuzung, die recht verwirrend ist. Hier gehen wir über die Mitte hinweg und nehmen vor einem Militärgelände den linken Weg. Ihm bleiben wir etwa 2 Kilometer treu, bis wir erneut auf eine militärische Anlage stoßen, die umzäunt ist. Am Ende des Zauns können wir nach rechts wandern. Nach 800 Metern schwenkt dieser Weg nach rechts und macht später einen Linksbogen.

Etwa 300 Meter danach müssen wir gut aufpassen. Wir kommen in die Nähe eines Bächleins und sehen linker Hand auch schon eine Brücke, über die uns der blaue Punkt des Albvereins schickt. Schon nach 200 Metern kommen wir nach einer kurzen Steigung auf einen Schotterweg, dem wir uns nach rechts anschließen. Der blaue Balken des Albvereins ist für eine gewisse Zeit unser Begleiter. Wir bleiben auf der Richtung geradeaus (auch wenn sich das Wanderzeichen nach rechts verabschiedet). Wenn sich rechter Hand eine Waldwiese zeigt, müssen wir aufpassen. Hier bleiben wir zunächst noch auf dem Weg, bis der nach einer Steigung einen deutlichen Linksbogen macht. Der ist für uns das Signal, nach rechts auf einem Waldweg weiterzumarschieren, der immer schmaler wird, aber leicht nachzuvollziehen ist, weil er auch als Pfad immer geradeaus führt.

Nach Überschreiten eines kleinen Bächleins kommen wir auf eine Wiese und halten uns da immer streng am Waldrand, bis wir am Ende einer Lichtung nach einem Rechtsbogen linker Hand ein kleines Brücklein entdecken, über das wir den *Sulzbach* überqueren können. Hier bleiben wir geradeaus in der

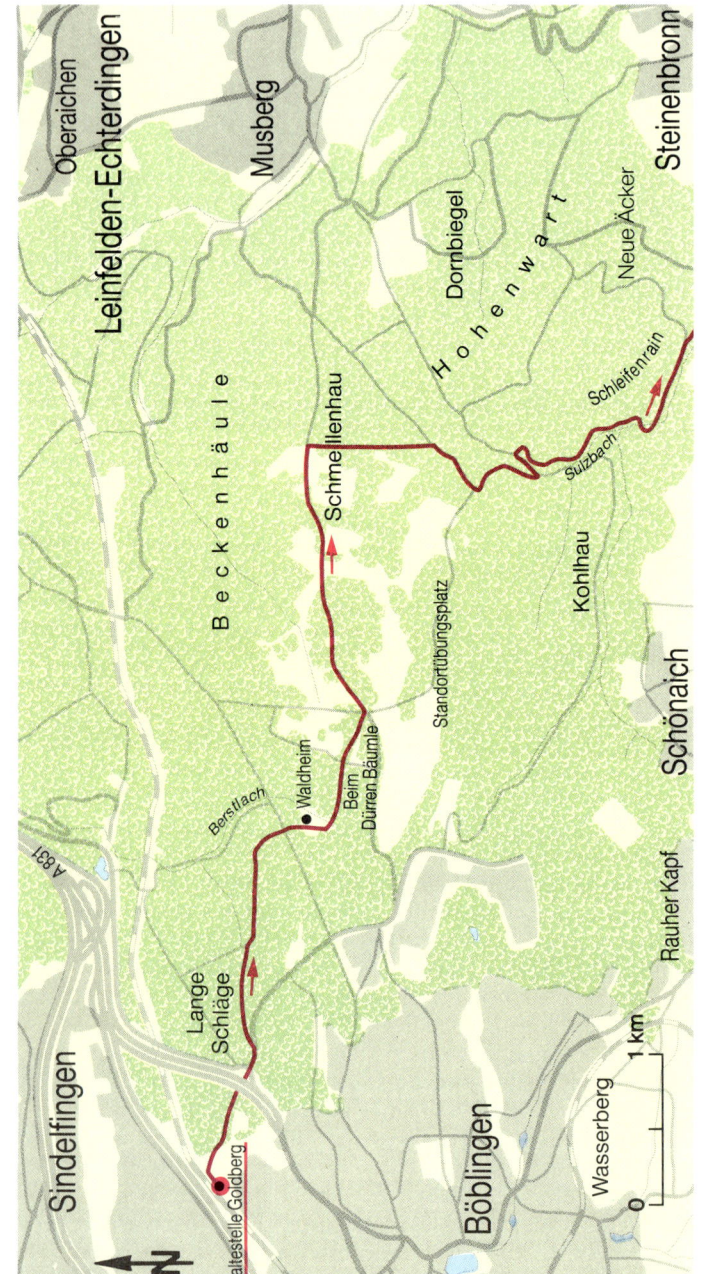

Oberaichen

Leinfelden-Echterdingen

Musberg

Steinenbronn

Dornbiegel

Hohenwart

Neue Äcker

Schleifenrain

Schmellenhau

Sulzbach

Beckenhäule

Standortübungsplatz

Kohlhau

Schönaich

Waldheim

Berstlach

Beim
Düren Bäumle

Lange
Schläge

Rauher Kapf

Wasserberg

Sindelfingen

A 831

Böblingen

Haltestelle Goldberg

1 km

0

N

Nähe einer Stromleitung und behalten diese Richtung auch nach einem zweiten Brückchen bei.

Bei der Kläranlage stoßen wir auf einen Teerweg, der uns nach rechts zu den ersten Häusern von *Steinenbronn* bringt. Bergauf gelangen wir auf einem Geh- und Radweg entlang der Fahrstraße zur *Haltestelle Steinenbronn Kirche* der SSB-Buslinien 86 und 87 sowie der RBS-Buslinien 7600 und 7974.

38 Mönchsbrunnen – Katzenbacher Hof – Glemseck

Verkehrsmöglichkeiten Haltestelle Mönchsbrunnen der SSB-Buslinie 84 und der RBS-Buslinie 7945.
Wegmarkierungen Teilweise unmarkiert, blauer Punkt, rotes Kreuz.
Tourenlänge 14 Kilometer.
Wanderzeit 3¾ Stunden.
Höhenunterschiede Etwa 150 Meter.
Wanderkarte Stuttgart und Umgebung (TK 50 SAV, Blatt 14).
Wissenswertes Der *Katzenbacher Hof* ist ein beliebtes Ausflugsziel am Rande von Stuttgart. Mitten im Wald läßt es sich unter Bäumen rasten.
Tourenbeschreibung Von der Haltestelle aus richten wir uns nach den Hinweisschildern zum Schützenhaus Sindelfingen und treffen nach hundert Metern auf einem Teersträßchen auf eine

Glems

Seehaus
Haltestelle • Glemseck

Mahdental   Tauschwald

Schöneichen-   Glemstal
teich

• Blutbuche

Lettenlöcher   Büsnau

Holzersee

Steinbach

Steinbachsee

Katzenbacher Hof

Katzenbachsee

Hütte •   Esslinger Spitalwald

Vaihingen

Katzenbach

• Bernet

A 8

Autobahnkreuz
Stuttgart-Vaihingen

Hütte •   • Waldheim

Winterhalde   Diebskarren

Hütte •

Jägerpfad

Hirschbuckel

Sindelfingen

Zweibrunnenhau

Mönchs-
brunnen

Lange
Schläge

0   1 km

Zu Tour 38 **Katzenbacher Hof**   (Foto: Ulrich Schnabel)

Weggabelung, deren linker Ast unseren Weg bestimmt. Weitere
100 Meter weiter müssen wir gewaltig aufpassen. Hier zweigt
nach links ein Waldweg ab, der schwer zu erkennen ist (wir müssen auf jeden Fall schon vor dem Schützenhaus von der Straße
weg). Unweit davon stoßen wir auf das Wanderzeichen mit dem
blauen Punkt. Dort, wo der Waldweg auf einen Schotterweg
trifft, gehen wir nach links. Kurze Zeit später bedarf es erneut
unserer Aufmerksamkeit: hier müssen wir wieder nach links auf
einen schwer erkennbaren Waldweg, auf dem wir ins Tal hinab-
gehen. Achtung: Ganz unten verläuft der für uns »zuständige«
Weg mit dem blauen Punkt wieder nach rechts in Gegenrich-
tung. Langsam steigen wir auf ihm bergauf und 200 Meter weiter
wieder bergab. Am Beginn eines Sees zweigen wir dann nach
links ab, überqueren eine Straße und kommen auf einen Wanderparkplatz, an dessen Ende wir nach rechts unter der Autobahn hindurch können.

Nach etwa 10 Minuten Anstieg mündet dieses Teersträßchen in ein anderes, wobei wir uns nach links wenden. An der nächsten Kreuzung scharf nach rechts leicht bergauf. Nach etwa einer Viertelstunde sehen wir einen schönen Grill-, Rast- und Spielplatz im Wald. An der Wegspinne danach gehen wir soweit, bis unser Weg in einen anderen mündet und nehmen die *Alte Vaihinger Straße* nach rechts. Auf dieser Straße bleiben wir, auch wenn der blaue Punkt zwischendurch mal nach links weist, was für uns aber unerheblich ist.

Wenn wir den höchsten Punkt erreicht haben, gabelt sich der Weg. Wir gehen auf dem linken Strang an einer Waldkapelle vorbei. An der nächsten Weggabelung treffen wir wieder auf den blauen Punkt, dem wir dann immer parallel zur Autobahn geradeaus folgen. Nach etwa ½ Stunde mündet dieses Teersträßchen in ein anderes. Wir gehen nach rechts über die A 8 hinweg. Gleich bei der ersten Möglichkeit folgen wir dem blauen Punkt wieder nach links. Immer geradeaus erreichen wir schon bald die Lichtung mit dem *Katzenbacher Hof.*

Am Beginn der Lichtung lenkt das rote Kreuz unsere Schritte nach links. Nachdem wir eine Straße überquert haben, gabelt sich der Weg, und wir nehmen die linke Variante. An einer Wegspinne an der *Blutbuche* gehen wir mehr oder minder geradeaus. An einer ähnlichen Stelle kurz darauf wandern wir halbrechts auf einem unbefestigten Weg bergab. Gegen Ende

Stuttgart (Schatten) Bus Linie 93　　　　　　　　(Foto: Ulrich Schnabel)

des Gefälles geht der Pfad in einen Schotterweg über, dem wir geradeaus mit dem roten Kreuz in Richtung einer Straße folgen. Entlang der Straße kommen wir immer tiefer ins Tal und dann über eine Brücke zu einer Einmündung, von der aus wir links nur wenige Meter entfernt schon die Haltestelle *Glemseck* der SSB-Buslinie 93 (den Endpunkt unserer Wanderung) sehen.

39 Sindelfingen – Warmbronn – S-Bahnhof Rutesheim

Verkehrsmöglichkeiten Haltestelle Spitzholzstraße der SSB-Buslinie 84.
Wegmarkierungen Eichhörnchen, blauer Punkt, blaues Kreuz.
Tourenlänge Etwa 12 Kilometer.
Wanderzeit Etwa 3½ Stunden.
Höhenunterschiede 200 Meter.
Wanderkarte Stuttgart und Umgebung (TK 50 SAV, Blatt 14).
Wissenswertes In *Warmbronn* wirkte der schwäbische Bauerndichter Christian Wagner um die Wende vom 19. zum 20. Jahrhundert. Ein kleines Heimatmuseum erinnert heute an sein Schaffen.
Tourenbeschreibung Der Beginn der Wanderung stellt gleichzeitig die größte Orientierungsschwierigkeit dar, zumal die beiden Bushaltstellen der SSB-Linie 84 etwa 100 Meter auseinander liegen. Für den Start der Tour ist der Haltepunkt aus Richtung Stuttgart entscheidend. Dort findet sich der *Brandenkopfweg,* dem wir nach rechts geradeaus in ein kleines Wäldchen folgen. Wenige Meter nach Beginn des Waldes nehmen wir den Weg nach rechts mit dem Eichhörnchen. Schon bald kommen wir am Waldrand an eine Schule, wo wir links müssen. Am Ende einer kleinen Senke gehen wir sofort nach rechts und dann immer geradeaus, bis wir etwa 200 Meter nach Ende dieser Sindelfinger Siedlung den *Allmandwäldleweg* an einer Kreuzung nach rechts nehmen können. Am Ende einer leichten Steigung schickt uns das Eichhörnchen nach rechts und 200 Meter weiter in einer Linkskurve zu einer Straße, die wir überqueren.

Wir halten uns etwa 40 Meter nach links, bis uns der blaue Punkt des Schwäbischen Albvereins nach rechts in den Wald und immer auf diesem Weg bis ins Tal weist. Auch hier behalten wir (nach 200 Metern geht es über eine Straße hinweg) diese Richtung bei und steigen danach im Wald immer geradeaus bergauf. Etwa 150 Meter weiter gabelt sich der Weg, wobei wir

B 295

Eltingen

A 8

Kammerforst

Eltinger
Kopf

Aussichtspunkt

Längenbühlhof

Altenhalde

Steigwald

N

Stöckach

Warmbronn

Maisgraben

Warmbronner
Kopf

Ernst-Bissinger- Eichen

Kohlhau

Magstadt

Rankbach

Äußere Winterhalde

Sommerhalde

Maichingen

Haltestelle

Sindelfingen

0   1 km

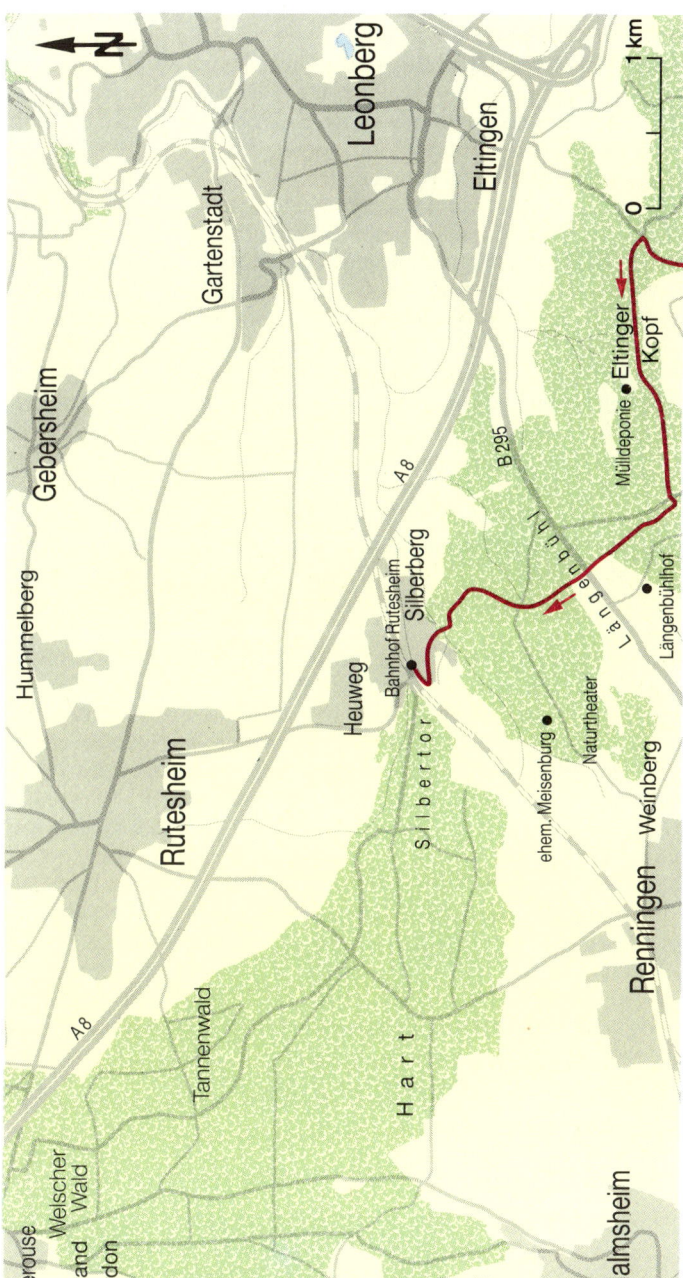

Leonberg

Eltingen

Gartenstadt

1 km

0

Eltinger-Kopf

Mülldeponie

Gebersheim

B 295

Langenäugle

Silberberg

Hummelberg

Bahnhof Rutesheim

Langenbühlhof

Heuweg

Rutesheim

Naturtheater

ehem. Meisenburg

Silbertor

Weinberg

Renningen

A 8

Hart

Tannenwald

A 8

Welscher Wald

Perouse

Grand

Ordon

Malmsheim

die etwas unbequemere Variante nach links bergauf (mit dem blauen Punkt) wählen. Auf der Höhe nehmen wir die mittlere von drei Möglichkeiten – wieder dem blauen Punkt nach. Immer geradeaus geht es dann an den *Ernst-Bissinger-Eichen* und nach dem Wald am Warmbronner Schützenhaus vorbei.

Etwa 200 Meter danach mündet der Weg in einen anderen, den wir nach links und 200 Meter weiter nach rechts nach *Warmbronn* begehen. In der Ortsmitte wenden wir unsere Schritte beim *Gasthof Grüner Baum* nach rechts. Nach einem Linksbogen gegenüber der Post gehen wir geradeaus durch die *Steigwaldstraße* aus der Siedlung hinaus durch die Felder. Vorbei an einem Spielplatz mit Planschbecken kommen wir am Beginn einer Kleingartensiedlung zu einer Weggabelung, bei der wir über den rechten Strang wieder in den Wald gelangen, wo uns die größte durchgehende Steigung dieser Tour erwartet.

Wenn wir den Anstieg hinter uns gelassen haben, zweigt kurze Zeit später ein Schottersträßchen ab, dem wir uns mit dem blauen Balken nach links anschließen. Kurz vor dem Zaun einer Mülldeponie können wir dann einen kleinen Abstecher zum Aussichtspunkt auf dem *Eltinger Kopf* in Angriff nehmen, der sich mit seinem Blick in Richtung Heilbronn und Schwarzwald lohnt.

Hinter der Mülldeponie gehen wir weiter auf einem Asphaltsträßchen geradeaus bergab. Nach etwa 300 Metern treffen wir auf einen Wanderparkplatz, wo wir die Straße überqueren und dann sofort wieder nach rechts schwenken. An einer Weggabelung nehmen wir die linke Möglichkeit und lassen uns vom blauen Kreuz über die Bundesstraße 295 bringen.

Etwa 400 Meter danach müssen wir aufmerksam sein: an einer Wegspinne gilt es, den gut ausgebauten Weg geradeaus zu verlassen und dem blauen Kreuz auf einen nicht so leicht erkennbaren Pfad zu folgen. Etwa 300 Meter weiter macht der Weg dann mitten im Wald einen Schwenk nach links.

Wenn wir die Talsohle erreicht haben, müssen wir eine scharfe Rechtskurve machen. Bald betreten wir die Ortschaft *Silberberg*. Ein kleines Sträßchen zeigt uns die Richtung bergauf an, wo wir auf der Höhe kurz nach einer Rechtskurve linker Hand etwas tiefer den *Bahnhof Rutesheim* (S-Bahn-Linie S 6) sehen.

Zu Tour 33, 34, 35 **Schönaich**   (Foto: Ulrich Schnabel)

40 Glemseck – Steigwald – Eltingen – Leonberg

Verkehrsmöglichkeiten   Haltestelle Glemseck der SSB-Buslinie 93.

Wegmarkierungen Teilweise unmarkiert, blauer Balken, blauer Punkt.

Tourenlänge Etwa 10 Kilometer.   **Wanderzeit** 2½ Stunden.
Höhenunterschiede   Etwa 250 Meter.

Wanderkarte   Stuttgart und Umgebung (TK 50 SAV, Blatt 14).

Wissenswertes   Das Leobad im Leonberger Stadtteil *Eltingen* (der sich darüber hinaus noch durch einen schönen Ortskern auszeichnet) bietet Erfrischung nach einer Wanderung durch einen herrlichen Sommerwald.

Tourenbeschreibung   Von der Haltestelle aus orientieren wir uns am 200 Meter flußaufwärts gelegenen *Hotel Glemseck*.

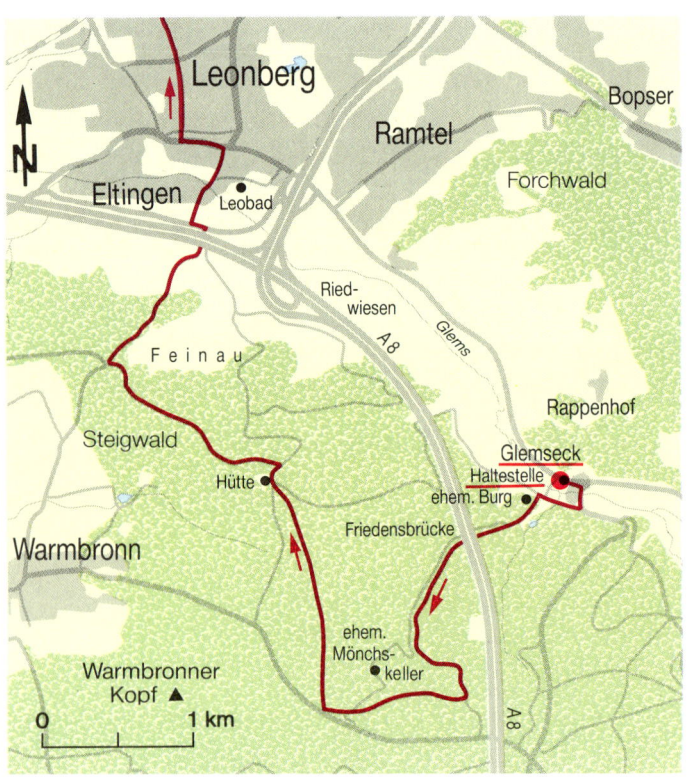

Wenn wir dieses Gebäude über eine Brücke erreicht haben, können wir überzeugt sein, uns auf dem richtigen Weg zu befinden. Kurz darauf können wir bei einem Wanderparkplatz die Straße nach rechts verlassen. Etwa 300 Meter weiter zweigt nach links ein Schotterweg ab, dem wir uns bergauf anschließen. Unter der *Friedensbrücke* der Autobahn A 8 hindurch gehen wir immer auf demselben Weg hinauf auf die Höhe. Es gilt erst unsere Richtung zu ändern, wenn der Weg in ein Schottersträßchen mündet, dem wir uns nach rechts anschließen. Schon an der nächsten Abzweigung gehen wir wieder nach rechts weg von der Autobahn und tiefer in den Wald hinein. Etwa 50 Meter danach stoßen wir auf den blauen Balken des Albvereins, behalten jedoch (jetzt mit ihm) die Richtung geradeaus bei.

Daran ändert sich auch nichts, wenn der Weg dann 600 Meter weiter wieder in einen anderen mündet. Etwa 2 Kilometer gehen wir ab diesem Punkt auf dem Weg entlang, bis wir an einem Haus mitten im Wald unsere Schritte nach rechts und dann sofort wieder nach links richten. Wir wandern etwa 1 Kilometer geradeaus durch den Steigwald, bis wir an einer Kreuzung auf den blauen Punkt stoßen. Dieser schickt uns nach rechts auf einem schmalen Pfad ins Tal hinab, bis wir unter der A 8 hindurch müssen. Danach folgen wir der Straße 150 Meter nach links, bevor es nach rechts nach *Eltingen* hineingeht. Am Leobad vorbei geht es in die *Bruckenbachstraße,* an deren Ende wir uns nach links in die *Carl-Schmincke-Straße* begeben. Durch die nach rechts abzweigende *Hindenburgstraße* und die *Stohrerstraße* gelangen wir zum *Bahnhof Leonberg* (S-Bahn-Linie S 6, SSB-Buslinien 92, 93, 94; Kappus-Buslinie 632; Wöhr Tours-Buslinien 633, 634; WEG-Buslinie 651; SEITTER-Buslinien 652, 654).

 ## Schöckingen – Glemstal – Ditzingen

Verkehrsmöglichkeiten Haltestelle Schöckingen Rose der WEG-Buslinie 620 und der RBS-Buslinie 7939.
Wegmarkierungen Teilweise unmarkiert, blaues Kreuz.
Tourenlänge 6 Kilometer.
Wanderzeit 1½ Stunden.
Höhenunterschiede 30 Meter.
Wanderkarte Stuttgart und Umgebung (TK 50 SAV, Blatt 14).
Wissenswertes *Schöckingen* siehe Tour 7. – *Ditzingen* hat im letzten Jahrhundert eine dynamische Aufwärtsentwicklung ge-

nommen. Für den Freizeitspaß steht unter anderem ein Hallen-
bad mit Gartenbereich zur Verfügung.

Tourenbeschreibung Direkt neben dem Wartehäuschen der
Bushaltestelle verlassen wir über einen kleinen Fußweg den Ort.
Am *Wasserhochbehälter Hirschlanden* richten wir uns nach links
und 40 Meter weiter bei einer Einmündung nach rechts. Doch
bereits 30 Meter weiter wartet ein Feldweg nach links auf uns.
Ihm schließen wir uns bis ins *Glemstal* an, wandern bei einer
Einmündung fast in der Talsenke nach links und gehen nach 200
Metern wieder über eine Brücke nach rechts bis zu einer Ein-
mündung, wo es schon wieder »rechts« heißt.

Dieser Weg geht in einen Wiesenpfad über, wobei wir über
eine nicht sofort erkennbare kleine Brücke die *Glems* überqueren. Danach wandern wir mit dem blauen Kreuz des Albvereins
immer geradeaus entlang des Baches, bis wir nach dem Gelände
des Hundesportvereins eine breite Brücke sehen, die wir benutzen und nach rechts immer diesem Weg folgen. Auch an der
nächsten Einmündung behalten wir diese Richtung ziemlich
exakt bei. Wir gelangen mit dem Wanderzeichen durch die
Sportanlagen von *Ditzingen* bis zu einer Kirche, wo wir über ein
Brückchen und dann sofort nach rechts gehen. Wir begleiten die
Glems, bis nach links die *Bauernstraße* abzweigt, über die wir

die nächste große Einmündung erreichen. Hier benutzen wir die Ortsdurchfahrt nur kurz nach links und gehen dann beim evangelischen Gemeindehaus nach rechts zwischen Kirche und neuem Rathaus hindurch bergauf bis zur nächsten Ampel, wo wir rechter Hand schon den *Bahnhof Ditzingen* (S-Bahn-Linie S 6, SSB-Buslinie 98) sehen.

42 Nufringen – Oberjesingen – Sulz – Gültlingen – Deckenpfronn – Gärtringen

Verkehrsmöglichkeiten Bahnhof Nufringen, DB-Strecke 740 (Gäubahn), RBS-Buslinie 7945 (außerhalb des VVS-Tarifgebiets).
Wegmarkierungen Radweg Oberjesingen, roter Pfeil, Hagebutte in grüner Raute, blau-gelbe Raute.
Tourenlänge 24 Kilometer.   **Wanderzeit** 6½ Stunden.
Höhenunterschiede Etwa 300 Meter.
Wanderkarte 1:50000 Blatt L 7318 Calw.
Wissenswertes Die Ursprünge der Wehrkirche von *Nufringen* reichen bis ins Jahr 1150 zurück. – Ein Dorfmuseum wurde im Bürgerhaus Zehntscheuer in *Deckenpfronn* untergebracht. – In *Gärtringen* ragt die spätgotische Kirche mit ihren Kunstschätzen und Wandmalereien heraus.
Tourenbeschreibung Vor dem Bahnhof wenden wir uns nach rechts und gehen Richtung Kirche und weiter bis zum alten Rathaus. Dort müssen wir einige hundert Meter nach links entlang der Ortsdurchfahrt gehen. Dann biegt endlich die *Oberjesinger Straße* nach rechts ab, ab der wir dem Radweg in Richtung Oberjesingen folgen. Nach rund 1 Kilometer gabelt sich die Straße. Wir entscheiden uns für den rechten Ast nach *Oberjesingen*. An der Kirche vorbei kommen wir zum Dorfplatz, wo wir nach links auf der *Neckarstraße* zur nächsten Einmündung gelangen. Dort bestimmt die *Enzstraße* unseren Weg nach rechts. Außerhalb des Ortes lassen wir den Oberjesinger Sportplatz rechts liegen und vertrauen uns dem roten Pfeil in Richtung Sulz am Eck an. Nach weiteren 200 Metern können wir nach rechts in den Wald wandern. Ab hier sollte man auf den roten Pfeil sorgfältig achten, denn er bringt uns im Zickzack quer durch den Wald, bis wir auf einer Lichtung auf ein Teersträßchen treffen. Diesem folgen wir nach links bergab, bis wir auf die ersten Häuser von *Sulz* stoßen.

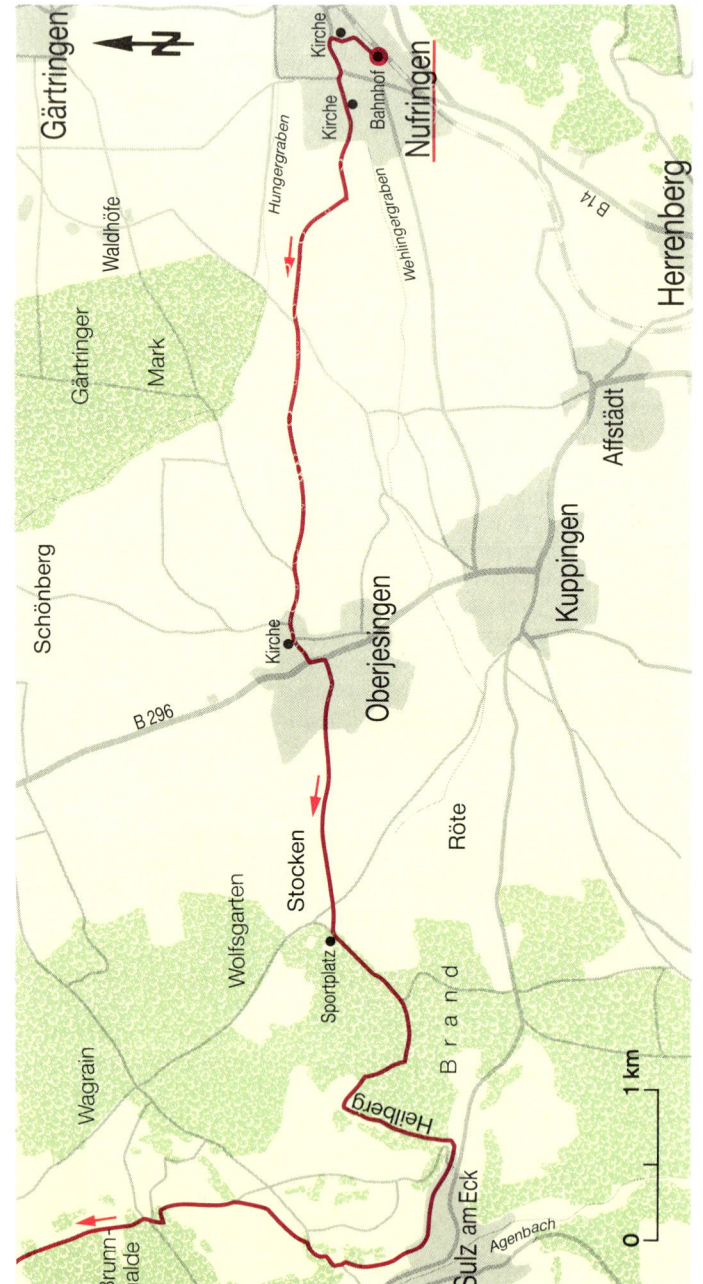

Gärtringen

N

Nufringen

Kirche
Bahnhof
Kirche

Herrenberg

Hungergraben

Wehlingergraben

B 14

Waldhöfe

Gärtringer Mark

Affstädt

Schönberg

Oberjesingen

Kuppingen

Kirche

B 296

Röte

Stocken

Wolfsgarten

Sportplatz

B r a n d

Wagrain

Heilberg

1 km

Sulz am Eck

Agenbach

Brunn-
halde

0

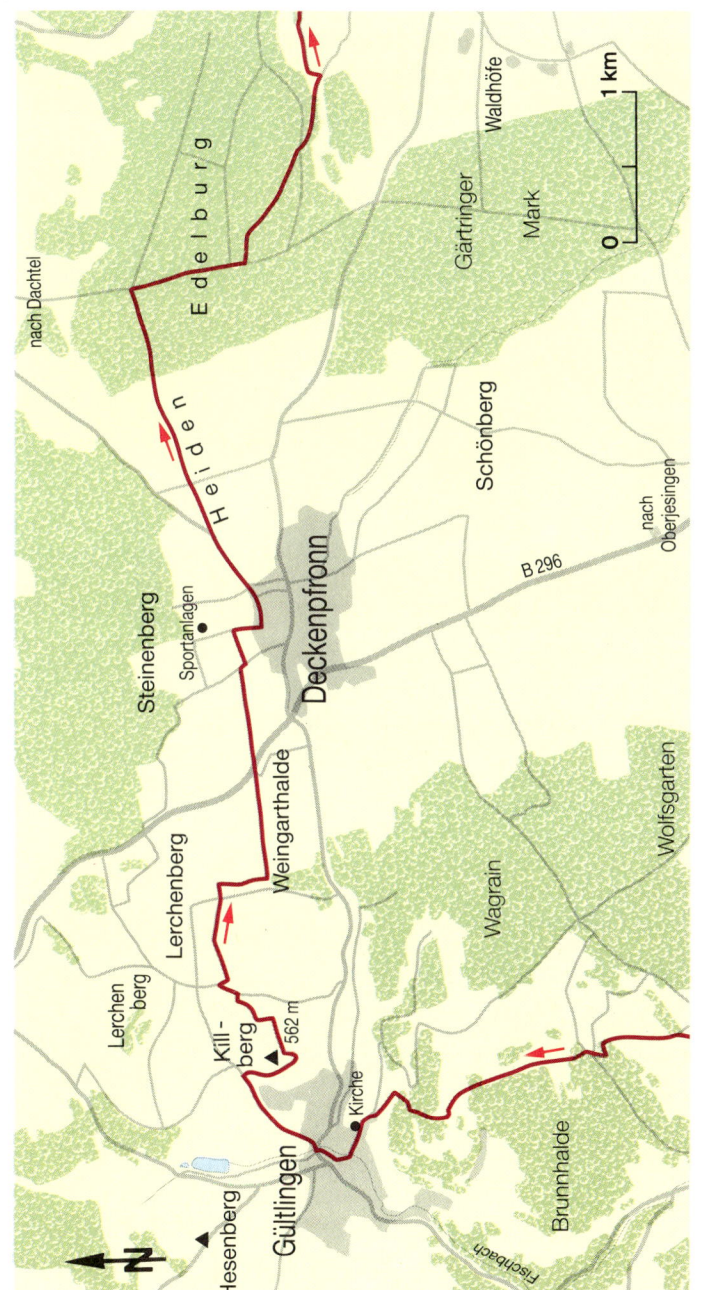

nach Dachtel

E d e l b u r g

H e i d e n

Steinenberg

Sportanlagen

Deckenpfronn

Gärtringer
Mark

Waldhöfe

Schönberg

nach
Oberjesingen

B 296

Weingarthalde

Lerchenberg

Lerchen
berg

Kill-
berg

562 m

Wagrain

Wolfsgarten

Kirche

Brunnhalde

Gültlingen

Hesenberg

Fischbach

N

1 km

0

Dort benutzen wir sofort die nach rechts abzweigende *Waid-bergstraße,* in die auch der rote Pfeil weist. Wir halten uns (so-fern wir keinen Abstecher ins Dorf machen wollen) so hoch oben am Hang, wie es geht. Ab Ende des Wohngebiets laufen wir auf einem Schotterweg. Dort, wo er in eine Asphaltstraße mündet, wartet das nächste Wanderzeichen auf uns: die rote Hagebutte in der grünen Raute ist auch das Zeichen des Gäu-randwegs, den wir bergauf benutzen.

Kurz bevor die Höhe erreicht ist, können wir die Straße wie-der (leicht nach links) verlassen. Auch hier sollte man wegen der zahlreichen Wegspinnen, die hier durch die Flurbereinigung ent-standen sind, gut auf das Zeichen achten. Dann erreicht man über den Gäurandweg, der auch über einen Grill- und Tum-melplatz für Kinder führt, über Felder und durch kleine Wald-stücke recht sicher *Gültlingen.*

An der Dorfkirche behalten wir die Richtung geradeaus bei und kommen durch die unscheinbare *Steingasse* zum Back-häusle, wo das Wanderzeichen gewechselt werden muß. Nach rechts folgen wir der blau-gelben Raute. Von der *Hauptstraße,* der wir nach 200 Metern nach rechts gefolgt sind, trennen wir uns dort, wo die Straße *Haibe* in Richtung *Killberg* führt. Fast oben auf der Höhe ist wieder unsere Aufmerksamkeit gefragt: die blaugelbe Raute führt in zwei Richtungen. Die für uns rich-tige ist die nach rechts und führt über einen Wiesenweg.

Dort, wo er wieder auf eine Fahrstraße trifft, lenken wir unsere Schritte für kurze Zeit nach links und dann wieder nach rechts, wo es den nächsten »Knackpunkt« gibt. 40 Meter nach dieser Abzweigung trennt sich der Wanderweg wieder nach links leicht bergauf von dem Schottersträßchen (Vorsicht: hier auf keinen Fall geradeaus weitermarschieren!). 200 Meter nach einem kleinen Wäldchen, in das ein Rastplatz gebettet ist, überqueren wir ein Asphaltsträßchen. Schon nach rund 70 Metern wandern wir auf einem Wiesenweg wieder nach rechts zu einem geteerten Weg. Vor einem kleinen Wald können wir gar nicht anders, als im rechten Winkel nach links zu schwenken. Ab hier geht es rund 2 Kilometer weit immer stur geradeaus (und über eine Hauptverkehrsstraße hinweg).

Orientieren können wir uns auch an Sportplatz und Gemeindehalle von *Deckenpfronn,* die etwas links versetzt liegen. Auf deren Höhe gehen wir nach rechts bis zu den ersten Gebäuden des Dorfes, hinter denen sofort die *Nordstraße* nach links ortsauswärts führt. Dort steht uns jetzt leider wieder ein Stück der Kreisstraße Richtung *Dachtel* nach links bevor. Dort, wo sie einen leichten Linksbogen macht, können wir geradeaus weiter über das Feld bis hin zu einem Wald. Die Richtung (geradeaus) ändert sich nicht bis zur zweiten markanten Kreuzung im Wald, wo der Weg deutlich nach rechts abfällt und gleich wieder leicht steigt. Nach etwa 300 Metern lenkt die gelb-blaue Raute unsere Schritte nach links und nach etwa 20 Minuten wieder aus dem Wald heraus. Nach rund 400 Metern müssen wir uns für die Abbiegung nach links entscheiden und folgen diesem Feldweg bis zum Sportzentrum von Gärtringen. Sofern wir uns nicht in die »Fluten« des Freibads stürzen wollen, steigen wir gleich nach links auf den kleinen Hügel oberhalb.

An der *Friedenslinde,* die an das Ende des deutsch-französischen Krieges von 1870/71 erinnert, kann man rechts den Weg zu unserem Ziel, *Gärtringen,* nicht mehr verfehlen.

43 **Malmsheim – Perouse – Friolzheim – Tiefenbronn – Steinegg – Weil der Stadt**

Verkehrsmöglichkeiten Bahnhof Malmsheim der S-Bahn-Linie S 6.
Wegmarkierungen Blau-gelbe Raute, Hagebutte auf grünem Grund, roter Balken.
Tourenlänge Etwa 30 Kilometer. **Wanderzeit** Etwa 9 Stunden.
Höhenunterschiede 480 Meter.
Wanderkarte 1:50000 Blätter L 7318 Calw, L 7118 Pforzheim.

Wissenswertes Das Dörfchen *Perouse* hat eine waldensische Vergangenheit. – Der Tiefenbronner Altar von Lukas Moser aus dem Jahre 1431, der in der spätgotischen Pfarrkirche *Tiefenbronn* steht, zählt zu den schönsten Kunstwerken der Gotik. Aber auch die Grabdenkmäler der Herren von Gemmingen sind überaus sehenswert. – Die *Burg Steinegg* führte über Jahrhunderte hinweg ein Dasein als Ruine und ist heute als Jugendfreizeitheim der evangelischen Kirche restauriert. – Das *Naturschutzgebiet Büchelberg* vermittelt einen Eindruck von einer völlig intakten Heidelandschaft. – *Weil der Stadt* siehe Tour 5.

Tourenbeschreibung Vom Bahnhof aus gehen wir mit der blaugelben Raute des Schwarzwaldvereins in Richtung Kirche. Dort wenden wir uns nach links in die *Kirchstraße* und 200 Meter weiter nach rechts in die *Heimsheimer Straße*. 100 Meter weiter zweigt nach rechts bergauf die *Bühlstraße* in Richtung Turnhalle ab. Wir wandern hier hinauf, wobei uns die *Heidestraße* zu den letzten Häusern von Malmsheim bringt. Hier schickt uns das Wanderzeichen nach links auf einen zunächst nicht leicht zu erkennenden Pfad durch Wiesen, der nach 400 Metern in ein Teersträßchen übergeht, dem wir nach links in den Wald hinein folgen. 100 Meter weiter gabelt sich der Weg, wobei wir den linken Ast nehmen. Wiederum 100 Meter weiter ist der rechte Zweig für uns »zuständig«. Am Waldrand mündet dieser Weg in einen anderen. Wir lenken unsere Schritte nach links. Vorbei an einem Waldspielplatz mit Grillstelle gelangen wir zu einer Wegspinne, wo wir auf den Weg müssen, der direkt rechts von einem Mahnmal gegen Gewalt in den Wald hinein führt. Die *Perouser Allee* bringt uns geradeaus wieder aus dem Wald hinaus. Dann sehen wir schon die Häuser von *Perouse*.

Über die *Förstlestraße* kommen wir zur Kirche, bei der wir auf der Ortsdurchfahrt entlang nach links bergauf gehen müssen. Auf der Höhe am Ortsende schickt uns das Wanderzeichen wieder nach rechts in den Wald hinein, wo wir an einer Weggabelung den linken Strang nehmen. Nach etwa 500 Metern macht der Weg am Zusammentreffen mehrerer Pfade zunächst einen Links- und dann sofort wieder einen Rechtsbogen. 50 Meter weiter müssen wir nach links und 100 Meter weiter wieder nach rechts. Wo der Weg in einen anderen mündet, entscheiden wir uns für die linke Variante. Wir gehen einige hundert Meter parallel zur Autobahn, bis wir zu einer Straße kommen, die uns nach rechts unter der Autobahn hindurchbringt. 40 Meter später können wir nach links für einige Zeit auf einem Schotterweg weitergehen. Doch dann heißt es wieder, die Autostraße bis zum Waldrand zu Fuß zu benutzen, wo wir nach links einen

Waldweg, der nur uns Fußgängern vorbehalten ist, so richtig genießen können.

Nach der *Autobahnmeisterei* überqueren wir die Straße und
wählen auf der anderen Seite von drei Möglichkeiten den Weg
rechts. Nach etwa 300 Metern erreichen wir eine Straße, die wir
überqueren. Wir kommen auf einen romantischen Waldpfad,

der zwei Schotterwege kreuzt und in einen anderen Pfad mündet, dem wir uns nach links anschließen. Etwa 1 Kilometer weiter macht der Weg eine scharfe Linkskurve und verläuft auf geschottertem Untergrund weiter.

Bei der nächsten Gabelung heißt es gut aufpassen: hier biegt ein Weg mit demselben Wanderzeichen nach rechts ab, der für uns jedoch völlig unerheblich ist. Wir behalten unsere ursprüngliche Richtung leicht nach links bei und gehen etwa 50 Meter weiter nach rechts und sofort wieder nach links in Richtung Friolzheim. Wenn wir linker Hand ein Haus am Waldrand entdecken, befinden wir uns auf dem richtigen Weg und können uns am Waldrand sofort wieder nach rechts in den Forst hinein begeben. Nach etwa 400 Metern macht der Weg einen Linksschwenk. Wir treten nun aus dem Wald hinaus und gehen auf einem Schottersträßchen nach rechts leicht bergab. 500 Meter weiter geht dieser Weg in einen anderen über, der nach links bergauf und unter der Autobahn hindurchführt.

In *Friolzheim* gehen wir immer geradeaus in den Ort hinein und dann nach rechts auf der *Leonberger Straße,* die zusätzlich durch die Hagebutte auf grünem Grund des Schwarzwaldvereins (das Zeichen für den Gäurandweg) gekennzeichnet ist, leicht bergab. Schon nach 150 Metern gehen wir nur kurz nach links und (aufpassen!) gleich wieder nach rechts durch den *Bachweg* ortsauswärts. Nach einem Zick-Zack-Weg überqueren wir die *Heimsheimer Straße* und wandern geradeaus über freies Feld zur Ortsumgehung von Tiefenbronn.

Ihr müssen wir kurz nach links folgen, bevor wir dann nach 200 Metern nach rechts *Tiefenbronn* betreten können. Über die *Brunnenstraße* erreichen wir das Zentrum mit seiner herrlichen Kirche. Unser Weiterweg erfolgt geradeaus, bis die *Schwarzwaldstraße* mit dem Wanderzeichen von der Ortsdurchfahrt nach links abzweigt und uns ein steiler Abstieg hinab zum Wasserwerk im *Würmtal* bevorsteht. Dort marschieren wir nach rechts und dann nach links über eine Brücke, wo es auf einem Teersträßchen nach rechts bergauf geht. Nach etwa einer Viertelstunde können wir rechts einen Blick auf die *Burg Steinegg* werfen, um die wir bergauf herumgehen.

Auf der Höhe machen wir kurz vor den ersten Häusern der Ortschaft *Steinegg* einen Linksschwenk. Wenn wir an der Ortsdurchfahrt, der *Liebenzeller Straße,* ankommen, gehen wir nach rechts und vor der letzten Häuserzeile des Dorfes nach links. Wir wandern immer geradeaus und an dem außerhalb des Ortes liegenden Friedhof vorbei in den Wald hinein. Über etwa 1 Kilometer hinweg behalten wir immer diese Richtung bei. Danach

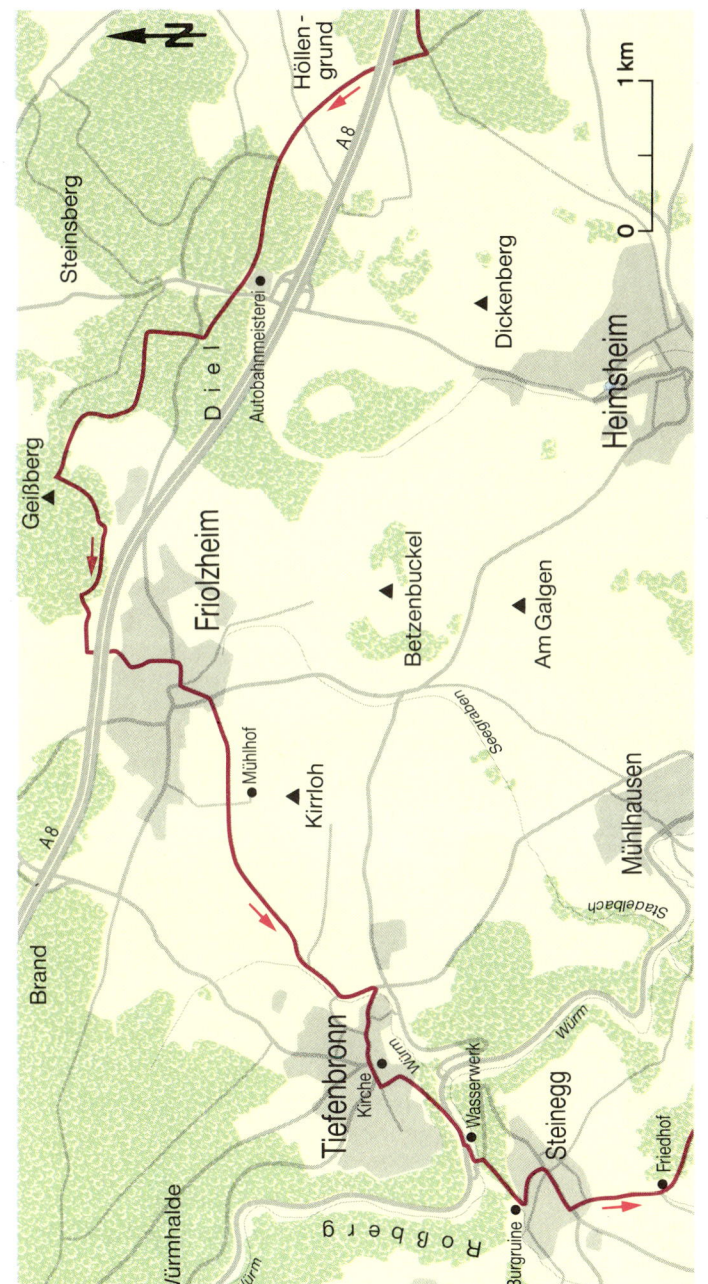

N

1 km

0

Höllen-
grund

A 8

Steinsberg

Dickenberg

Heimsheim

Geißberg

D i e l

Autobahnmeisterei

Friolzheim

Betzenbuckel

Am Galgen

A 8

Mühlhof

Kirrloh

Seegraben

Mühlhausen

Brand

Staadlbach

Tiefenbronn

Wurm

Kirche

Wasserwerk

Steinegg

Wurm

Friedhof

Würmhalde

Würm

Roßberg

Burgruine

müssen wir darauf achten, daß wir eine Abzweigung nach rechts leicht bergauf nicht verpassen.

Am Ende des Waldes müssen wir erneut vorsichtig sein. Wir wandern noch etwa 100 Meter zwischen Buschwerk hindurch. Dann gehen wir bei der ersten Möglichkeit mit dem roten Balken des Albvereins (der auch den Hauptweg 5 markiert) nach links leicht bergab, wo wir 150 Meter weiter auf einen asphaltierten Feldweg treffen. Wenn wir eine Straße erreichen, wenden wir uns für 20 Meter nach rechts und gleich wieder nach links bergauf – immer geradeaus, bis wir auf ein Wäldchen stoßen, wo der Weg kurz nach rechts und dann sofort wieder nach

links schwenkt. Nach Erreichen der Höhe lenken wir unsere
Schritte nach links und passen nach etwa ½ Kilometer gut auf,
wenn auf einer Wiese der Wanderweg zwischen zwei Sträucher-
reihen nach rechts weiterläuft. Wir stoßen auf einen Wanderparkplatz und können sicher sein, uns nicht vertan zu haben.
Hier heißt die Richtung »Nach links bergauf« zum *Naturschutzgebiet Büchelberg.*

Am Ende dieses faszinierenden Biotops setzt sich der Weg
nach rechts bergab zu einer Straße fort. Wir folgen ihr für 400
Meter ohne Wanderzeichen nach links weiter bergab bis zur *Ja-
kobshütte,* dem ehemaligen Totenhaus des Münklinger Friedhofs. Gegenüber der Hütte steht uns ein erneuter Anstieg nach
rechts bevor. Wenn wir uns mit der nächsten Autostraße kon-
frontiert sehen, heißt es nochmals vorsichtig zu sein.

Hier gabeln sich jenseits der Trasse zwei Wanderwege. Obwohl der linke davon nach Weil der Stadt ausgeschildert ist, lassen wir ihn außer acht und nehmen statt dessen den, der uns
rechts ziemlich steil bergauf mit Hagebutte und rotem Balken in
den Wald hinein bringt. Der Weg wird schon nach 150 Metern
zum schmalen Waldpfad. 200 Meter weiter mündet er in einen
Schotterweg, dem wir uns nach links anschließen und schon bald
wieder aus dem Wald hinaustreten. Nach 300 Metern durch Felder kommen wir zu einer Wegspinne, bei der wir grob unsere
Richtung beibehalten und am Waldrand entlang wandern.

Nachdem wir mitten durch eine Spielwiese mit Bolzplatz gegangen sind, ist unsere Aufmerksamkeit erneut gefordert. Bei
dem Wanderparkplatz an dieser Stelle gehen wir sofort nach

links und an seinem Ende auf einem nicht leicht zu erkennenden Pfad mit der blau-gelben Raute zwischen Bäumen hindurch. Nach 40 Metern halten wir uns sofort wieder rechts und bleiben in Straßennähe. An Strauchwerk entlang müssen wir uns in den Wald »hineintasten«. Dann wird es wieder leichter: nach 300 Metern treten wir aus dem Wald hinaus und gehen einige Minuten entlang einer Kleingartensiedlung, bis nach rechts ein relativ unscheinbarer Weg hoch zu einer Fahrstraße abzweigt. Auf der anderen Seite wartet ein Schotterwegchen nach links auf uns. Über etwa einen Kilometer hinweg können wir erneut den Erfolg der Bemühungen von Kleingärtnern bewundern.

Wir dürfen jedoch die Stelle nicht verpassen, an der sich von dem Asphaltsträßchen ein kleiner Fußweg nach rechts verabschiedet, dem wir uns anschließen müssen. Er mündet schon nach kurzem in einem Schotterweg, dem wir leicht bergauf folgen. Am Ende der Kleingärten müssen wir wieder der Markierung nach relativ steil rechts bergauf. Ein schöner Waldweg bringt uns zunächst zum Wanderparkplatz am *Schützenhaus* und etwa 200 Meter weiter zu einem weiteren Wanderparkplatz. In dessen Mitte gehen wir nur wenige Schritte nach links und dann sofort wieder nach rechts entlang einer schönen Spielwiese und durch einen Wald immer weiter auf *Weil der Stadt* zu. Bei einem Wanderparkplatz biegen wir entlang einer Straße nach links ab, die uns ins Tal hinabbringt. Dort unten geht es nach rechts und jenseits einer Brücke nach links zum *Bahnhof*.

Zu Tour 44 **Schloß Ludwigsburg**   (Foto: Ulrich Schnabel)

Zu Tour 44 **Hohenasperg**   (Foto: Ulrich Schnabel)

44 Asperg – Hohenasperg – Monrepos – Favoritepark – Ludwigsburg

Verkehrsmöglichkeiten   Bahnhof Asperg der S-Bahn-Linie S 5.
Wegmarkierungen   Teilweise unmarkiert, roter Balken, blauer
Punkt.
Tourenlänge   9 Kilometer.   **Wanderzeit**   2½ Stunden.
Höhenunterschiede   130 Meter.
Wanderkarte   Stuttgart und Umgebung (TK 50 SAV, Blatt 14).
Wissenswertes   Eine Wanderung durch die Geschichte Würt-
tembergs ist diese Tour. – Die mittelalterliche Festung *Hohenasperg* galt einst als der »höchste Berg Württembergs«, weil, wer
dort oben im Gefängnis saß, lange Jahre nicht mehr hinunter
kam. – Das *Schloß Monrepos* ließ Herzog Karl Eugen 1760 zu
seiner Erholung an einem herrlichen kleinen See bauen, auf
dem man heute Bootfahren kann. – Damit er sich abseits vom
Hofstaat bewegen konnte, hatte Herzog Eberhard Ludwig von
1717 bis 1719 das *Lustschloß Favorite* inmitten eines herrlichen
Parks bauen lassen. Das *Schloß Ludwigsburg,* mit dessen Bau
der Herrscher 1704 beginnen ließ, gilt als eines der größten
deutschen Barockschlösser und »deutsches Gegenstück zu Ver-
sailles«. In seinen Gärten kann man im »Blühenden Barock«
und dem Märchengarten Erholung und Entspannung finden.

Tourenbeschreibung Vor dem Bahnhof wenden wir uns nach
rechts leicht bergauf, dann nach links in die *Lehenstraße,* kurz
darauf nach rechts in die *Friedrichstraße* und gleich wieder mit
dem roten Balken des Albvereins nach links in die *Panoramastraße.* Wenn sie in das *Schwitzgäßle* übergeht, steht uns der Anstieg zum *Hohenasperg* bevor. Es geht über Treppen zunächst
geradeaus an Weinbergen entlang und dann im Zickzack. Oben
auf dem Berg gehen wir auf der linken Seite der Festung entlang
bis zu deren Haupteingang.

Nach der Besichtigung der der Öffentlichkeit zugänglichen
Teile der Festung schauen wir nach dem schmalen Treppenweg,
der gegenüber des Haupteingangs mit dem blauen Punkt wieder
bergab führt. Am Fuß des Berges verlassen wir nach rechts den
Wanderweg. Wir benutzen eine Fahrstraße, die nach 250 Metern
einen Rechtsbogen beschreibt. Hier wandern wir geradeaus am
Kleintierzüchterheim vorbei und lassen uns von diesem Weg in

einem Bogen zur Bahnlinie und zu einer Brücke bringen, über die wir nach links gehen.

Der rote Balken schickt uns von hier weiter bergab in die *Monreposstraße,* ab der wir uns immer geradeaus halten. Zunächst geht es unter der Autobahn hindurch, dann über die B 27 hinweg. Hier könenn wir den *Monrepos-Park* betreten. Wir ändern aber unsere Wanderrichtung nicht, bis wir ein kleines Brückchen nach links benutzen können und uns dieser Weg an den Seen entlang bis zum Schloß bringt. Von hier aus orientieren wir uns am Haupteingang des Parkes und gehen hinter dem Parkplatz geradeaus weiter, bis wir unter der Bahn hindurch gelangen und 50 Meter weiter auf ein Tor treffen, durch das wir nach links in den *Favoritepark* können.

Dort geht es durch eine herrliche Allee bis zum *Schloß Favorite* und weiter den Berg hinab bis zu einem Steg, der über die Straße führt. Auf der anderen Seite der Straße bleiben wir zunächst auf dem Gehweg bis zur Bushaltestelle Favoritepark. Dann führt der Weg nach links immer dem Zaun um das *Ludwigsburger Schloß* entlang bis zu dessen Haupteingang, wo wir nach rechts an einer Ampelanlage die nächste Hauptverkehrsstraße überqueren und in die *Marstallstraße* kommen. An deren Ende wenden wir uns nach links und gelangen bald zum *Holzmarkt* mit dem Obelisken für berühmte Ludwigsburger. Diesen Platz überqueren wir, gehen auch über den Marktplatz hinweg bis zu einer Ampel und dort nach rechts durch die *Wilhelmstraße*

Zu Tour 44 **Lustschloß Favorite, Ludwigsburg**   (Foto: Ulrich Schnabel)

bis zum *Arsenalplatz*. An dessen anderem Ende können wir auf der rechten Seite die *Arsenalstraße* bis zum *Bahnhof Ludwigs- burg* (S-Bahn-Linien S 4, S 5; RBS-Buslinien 7767, 7770, 7771, 7774/78) benutzen.

45 Neckarweihingen – Poppenweiler – Lemberg – Affalterbach

Verkehrsmöglichkeiten Haltestelle Neckarweihingen Apo- theke der RBS-Buslinie 7767.
Wegmarkierungen Traube, roter und blauerBalken.
Tourenlänge 10 Kilometer.
Wanderzeit 2¾ Stunden.
Höhenunterschiede Etwa 200 Meter.
Wanderkarte Stuttgart und Umgebung (TK 50 SAV, Blatt 14).
Wissenswertes *Lemberg* siehe Tour 11.
Tourenbeschreibung Zunächst orientieren wir uns an der Volksbank und gehen nach rechts bergauf, bis nach links der *Steinmauerweg* weiter (zum Teil über Treppen) auf die Höhe führt. Gleich bei der ersten Möglichkeit biegen wir mit dem Wanderzeichen der Traube nach rechts ab und erreichen bald Weinberge. 500 Meter nachdem wir eine Straße überquert haben, schickt uns das Wanderzeichen nach rechts und wieder über eine Treppe nach links. Wir bleiben immer auf diesem Weg. Wenn er sich nach etwa 600 Metern gabelt, nehmen wir den rechten Strang. Über einen Treppenweg wandern wir bergab und gleich wieder bergauf hinein nach *Poppenweiler.*
Am Ende der Straße *Luginsland* lenken wir unsere Schritte nach links und 50 Meter bergauf wieder nach rechts. Durch die *Hintere Straße* kommen wir zum *Kelterplatz* und geradeaus in die *Affalterbacher Straße.* Auf ihr verlassen wir den Ort und gehen immer geradeaus auf einem Feldweg, der nach etwa 2 Kilome- tern bei einem Spielplatz mit Grillstelle in den Wald mündet.
Unsere Marschrichtung (geradeaus) verändert sich jedoch durch den ganzen Wald nicht. Wenn wir auf Weinberge treffen, müssen wir nach links abbiegen. Am Ende der Rebenpflanzung gehen wir nur 50 Meter in den Wald, dann sofort nach rechts über einen Treppenweg steil bergauf, bis wir am oberen Rand der Weinberge auf ein Asphaltsträßchen kommen und nach rechts abbiegen. Etwa 400 Meter weiter müssen wir über eine Treppe erneut bergauf, die im Zickzack zur Höhengaststätte Sie- ben Eichen auf dem *Lemberg* führt. Dort lenkt uns ein breiter Weg nach links weiter in den Wald hinein. An seinem Ende ent-

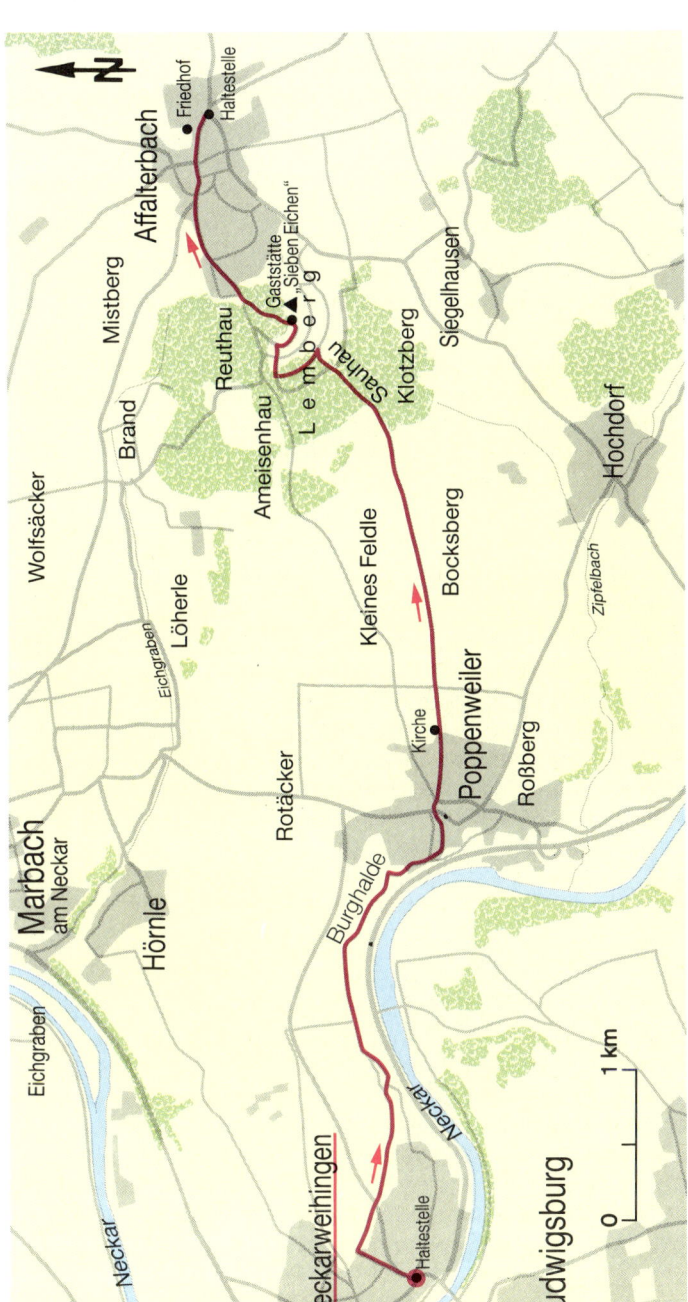

N

Friedhof
Haltestelle

Affalterbach

Mistberg

Reuthau

Gaststätte
"Sieben Eichen"

L e m b e r g

Sauhau

Klotzberg

Siegelhausen

Brand

Ameisenhau

Hochdorf

Wolfsäcker

Löherle

Kleines Feldle

Bocksberg

Zipfelbach

Eichgraben

Kirche

Poppenweiler

Rotäcker

Roßberg

Marbach
am Neckar

Hörnle

Burghalde

Neckar

Eichgraben

Neckar

Ludwigsburg

Neckarweihingen

Haltestelle

Neckar

1 km

0

decken wir ein Sträßchen und schließen uns ihm nach rechts an. Immer geradeaus erreichen wir die Ortsmitte von *Affalterbach* und gehen auf der Ortsdurchfahrt in Richtung Winnenden, bis wir kurz vor Ortsende zur *Haltestelle Klingenstraße* der RBS-Buslinie 7772 gelangen.

Backnanger Fachwerkhäuser   (Foto: Stadtverwaltung-Verkehrsamt Backnang)

46 Backnang – Burgstetten – Kirchberg – Marbach

Verkehrsmöglichkeiten Bahnhof Backnang der S-Bahn-Linie S 3, DB-Strecke R 794.

Wegmarkierungen Weitgehend unmarkiert, roter Balken, blauer Punkt.

Tourenlänge 16 Kilometer. **Wanderzeit** 5 Stunden.

Höhenunterschiede 100 Meter.

Wanderkarte Stuttgart und Umgebung (TK 50 SAV, Blatt 14).

Wissenswertes Die Historie von *Backnang* läßt sich in einem stadtgeschichtlichen Lehrpfad nachvollziehen. In dieser Stadt befindet sich auch das größte ungarndeutsche Heimatmuseum Deutschlands. – *Marbach* siehe Tour 11.

Tourenbeschreibung Vom Bahnhof aus gehen wir mit dem roten Balken des Albvereins nach links. Nach 100 Metern zweigt die Straße *Etzwiesenberg* nach rechts ab. Wenn wir im Tal angelangt sind, wandern wir nach rechts über eine Brücke und dann gleich wieder bergauf. Bei der ersten Möglichkeit lenkt uns das Wanderzeichen nach links in die *Schöntaler Straße*.

Sie bringt uns aus dem Ort hinaus und unter der B 14 hindurch. Einem Linksbogen folgen wir noch, aber wenn eine Rechtskurve beginnt, verlassen wir den Wanderweg geradeaus. Nach einem Aussiedlerhof gehen wir bei den ersten Häusern von *Oberschöntal* nach rechts. Bei der Durchgangsstraße halten wir uns wieder nach links, aber nur für etwa 50 Meter, bis die *Meersburger Straße* uns wieder nach rechts ortsauswärts bringt.

Wo dieser Weg endet, gehen wir ein Stück geradeaus, bis wir nach etwa 20 Metern ein Brückchen entdecken, auf dessen anderen Seite wir über einen Wiesenweg steil bergauf müssen. Auf der Höhe geht es nach rechts an einem *Wildgehege* entlang, an dessen Ende nach links ein Weg entlang des *Friedhofs Mittelschöntal* abzweigt. Hier stoßen wir auf die Ortsdurchfahrt, wählen aber den landwirtschaftlichen Weg nach links. Danach benutzen wir den ersten Teerweg, der nach rechts abzweigt und bleiben bei einer Gabelung auf dem rechten Ast. 500 Meter weiter mündet er in einen anderen, dem wir uns nach links in den Wald hinein anschließen.

In einer Schleife führt er uns ins *Wüstenbachtal* und dann über eine Brücke, bei der wir auf den blauen Punkt des Albvereins stoßen. Er begleitet uns bis zur *Murr* und weiter zu den Sportanlagen von *Burgstetten,* wo wir uns wieder vom Wanderzeichen verabschieden und geradeaus bis zur Straße gehen, die wir für 40 Meter nach rechts nehmen und dann nach links auf einen

Zu Tour 46 **Marbach am Neckar, Schiller-Denkmal**   (Foto: Ulrich Schnabel)

Radweg abbiegen. Nach etwa 3 Kilometern gelangen wir zum
Ortsrand von *Kirchberg an der Murr.*

Eine Hauptstraße benutzen wir nur kurz nach links. Dann
wechseln wir zu Beginn einer Brücke noch vor der Murr über
eine Treppe auf einen Wiesenweg, der bei einem Wasserbehäl-
ter auf Schotter übergeht, allerdings nur bis kurz hinter einer
Mühle, nach der es wieder über eine Wiese weitergeht, bis wir
direkt auf eine Schleife der Murr zulaufen. Hier wenden wir uns
entlang des Uferbewuchses nach links und entdecken schon bald
ein Brücklein, das uns auf die andere Seite des Flusses bringt.
Hier setzt sich der Weg zunächst über eine Wiese, dann auf
Schotter immer zwischen Bahnlinie und Murr fort. Wenn er
einen spürbaren Rechtsbogen beschreitet, machen wir den bis
zu seinem Ende mit. Dann gehen wir aber nach links über einen

Element: **Feuer**
Nahrungsqualität: **Eiweiß**
Tagesqualität: **Wärme**

...pfehlung für Alltagstätigkeiten:

↗ → ↑

44. Woche

Mo	Di	Mi	Do	Fr	Sa	So
	1	2	3	4	5	6
7	8	9	10	11	12	13
14	15	16	17	18	19	20
21	22	23	24	25	26	27
28	29	30	31			

Mittwoch

30

Oktober

Auf- und Untergang

🌙 09:49
18:40

☀ 07:11
17:00

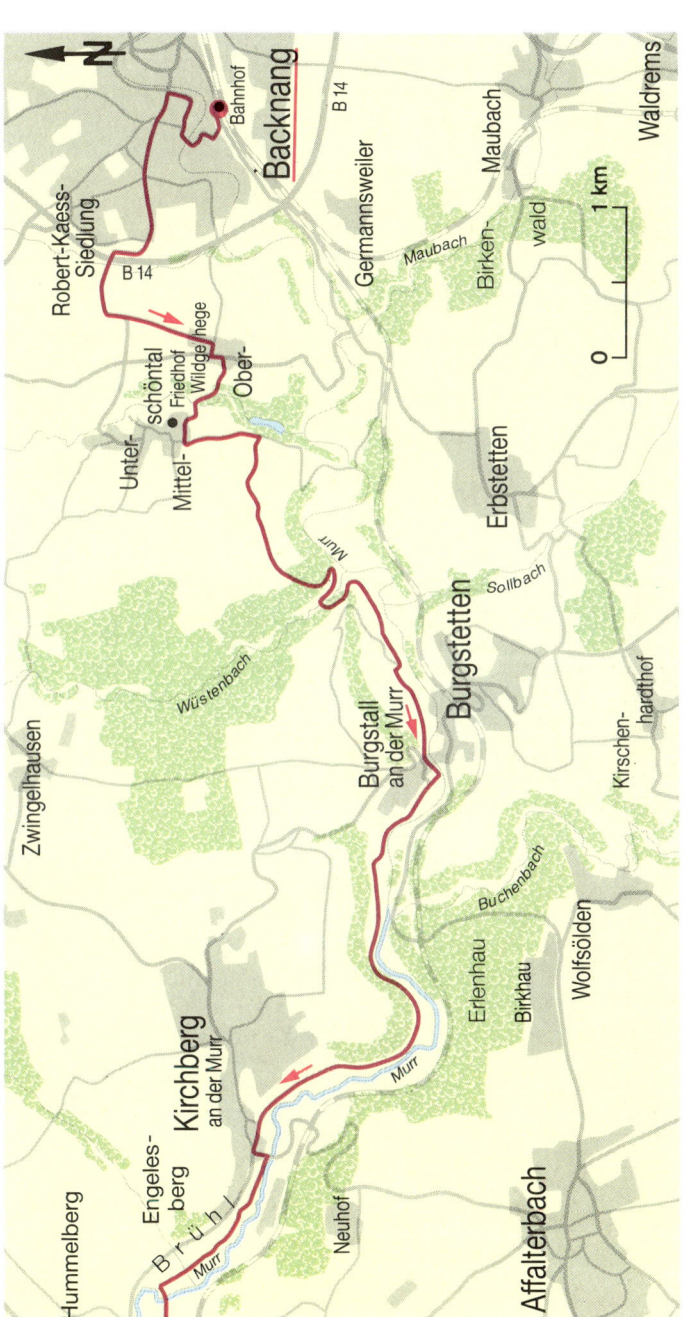

N

Backnang

Bahnhof

B 14

Germannsweiler

Maubach

Maubach

Birken-

wald

Waldrems

1 km

0

Robert-Kaess-
Siedlung

B 14

Wildgehege

Ober-

schöntal
Friedhof

Unter-

Mittel-

Erbstetten

Erstetten

Murr

Sollbach

Burgstetten

Wüstenbach

Burgstall
an der Murr

Kirschen-
hardthof

Zwingelhausen

Buchenbach

Wolfsölden

Erlenhau

Birkhau

Kirchberg
an der Murr

Murr

Engeles-
berg

B r ü h l

Murr

Neuhof

Affalterbach

Hummelberg

Marbach am Neckar: Schillers Geburtshaus mit Wilder-Mann-Brunnen

(Foto: Stadtverwaltung Marbach)

Wiesenweg wieder bergauf. Bald überqueren wir den Bahnübergang am Beginn von *Erdmannhausen* und lenken unsere Schritte wieder bergauf bis dort, wo vor einem Spielplatz von der *Bahnhofstraße* die *Ringstraße* und kurze Zeit später die *Dorfwiesenstraße* scharf nach rechts abzweigen. Am Ende dieser Straße geht es nach rechts in den *Wachtelrain,* dann nach links in die *Kirchenfeldstraße.* Bei der ersten Möglichkeit müssen wir nach rechts auf einen Feldweg, der uns später durch ein Industriegebiet führt. An dessen Ende macht die Straße einen Bogen nach rechts. Wir bleiben aber geradeaus und kommen erneut durch ein Gewerbegebiet zu den ersten Häusern von *Marbach.* Wenn wir die Hauptstraße erreichen, überqueren wir sie und kommen entlang eines Industriegleises zum *Bahnhof Marbach* der S-Bahn-Linie S 4; DB-Strecke 794, RBS-Buslinien 7767, 7769, 7772, 7773, 7815.

 ## Maubach – Buchenbachtal – Winnenden

Verkehrsmöglichkeiten   Bahnhof Maubach der S-Bahn-Linie S 3.
Wegmarkierungen   Teilweise unmarkiert, blauer Punkt.
Tourenlänge   11 Kilometer.
Wanderzeit   2¾ Stunden.
Höhenunterschiede   100 Meter.
Wanderkarte   Stuttgart und Umgebung (TK 50 SAV, Blatt 14).
Wissenswertes   Im Freibad bei *Erbstetten* kann man sich bei dieser eher schattenarmen Tour herrlich erfrischen. – Das *Naturschutzgebiet Buchenbachtal* ist vor allem zwischen Kirschenhardthof und Steinächle von außerordentlichem Reiz.
Tourenbeschreibung   Vom Bahnhof gehen wir einen steilen Pfad hinab zur Straße und wandern dort nach rechts weiter bergab. 50 Meter nach einer Brücke marschieren wir nach links in ein Wäldchen hinein. 100 Meter nach dessen Ende lenken wir unsere Schritte nach links und an der nächsten Kreuzung nach rechts an den Höfen im *Neugreut* vorbei bis zu einer Straße, die wir überqueren. Dann führt der Weg nach rechts bergab bis zu den Sportanlagen von *Erbstetten.* An deren Ende verlassen wir den befestigten Radweg und halten uns auf einem Wiesenweg am Zaun des Sportplatzes bis hin zu den Tennisanlagen und dem Freibad.

Wenn der Weg wieder ansteigt, spazieren wir geradeaus einen kleinen Hügel hinauf bis zum Waldrand und dann nach rechts. Wir nutzen gleich die erste Möglichkeit, nach links den Wald zu betreten und kommen schon bald an einem Grill- und Spielplatz auf der Höhe an. Der Weg geradeaus bringt uns zu einer Straße, auf deren anderer Seite wir in den Ort *Kirschenhardthof* hinein-gehen. Immer geradeaus verlassen wir die Siedlung über die *Obere Hofstraße*. Die Wanderrichtung ändert sich nicht, bis kurz nach einem kleinen Friedhof (wir sehen ihn rechter Hand) der Weg nach links abbiegt. Kurz vor dem nächsten Linksbogen ist unsere Aufmerksamkeit gefordert: hier zweigt nach rechts ein Wiesenweg ab, der uns steil hinab ins *Buchenbachtal* bringt.

Hier wandern wir nach links immer dem Bächlein entlang, bis wir wieder auf ein Sträßchen treffen (ab dem Talgrund begleitet uns der blaue Punkt des Albvereins). Dann gehen wir nach rechts in den Ort *Steinächle*. Unmittelbar vor dem letzten Haus verabschieden wir uns nach links von dem Sträßchen und gelan-gen bald zur *Kläranlage Buchenbachtal,* an deren Haupttor uns das Wanderzeichen nach rechts bergauf zur Siedlung *Gollenhof*

Viadukt bei Marbach   (Foto: Ulrich Schnabel)

schick. Hier gehen wir der Hauptstraße entlang bergab und nach einem Brückchen wieder nach oben ins Zentrum von *Weiler zum Stein*. Gegenüber des Gasthauses zum Löwen steigen wir nach rechts erneut hinab ins Tal. Nach dem Buchenbach geht es wieder ein Stück bergauf und vor den ersten Häusern nach links. Nach den Sportanlagen müssen wir kurz nach rechts und 50 Meter weiter sofort nach links.

Dann tritt über eine weite Strecke keine »Kurskorrektur« mehr ein, auch wenn uns das Wanderzeichen bei den Sportanlagen von *Leutenbach* nach links schicken will. Bei einem Kinderspielplatz benutzen wir die *Lehenstraße* nach links und halten uns danach immer am Rand der Bebauung, bis wir am Ende des Ortes auf eine Hauptverkehrsstraße stoßen. Hier heißt es für 50 Meter entlang der Autostraße zu gehen, bevor nach rechts eine Straße in ein Wohngebiet abzweigt. An der nächsten Kreuzung geht es nun nach halblinks auf einen Fußgängerweg, unter einer Brücke hindurch und dann sofort nach rechts zum *Bahnhof Winnenden* (S-Bahn-Linie S 3; RBS-Buslinie 7930).

48 Hofen – Neckarrems – Hohenacker

Verkehrsmöglichkeiten Haltestelle Hofen der Stadtbahn-Linie U 14.

Wegmarkierungen Teilweise unmarkiert, rotes Kreuz.

Tourenlänge 14 Kilometer.

Wanderzeit 3½ Stunden.

Höhenunterschiede Etwa 150 Meter.

Wanderkarte Stuttgart und Umgebung (TK 50 SAV, Blatt 14).

Wissenswertes Die Barbarakirche von *Hofen* erstrahlt im Glanz des Barock und birgt ein berühmtes Marienbild in sich. Daneben zeugt die Ruine der Burg Hofen von der mittelalterlichen Vergangenheit des Ortes. – In *Neckarrems* sieht man anstelle der früheren Burg heute ein Schlößchen aus dem Jahre 1850. – Das *Remstal* ist vor allem in der Nähe von Neckarrems überaus urtümlich.

Tourenbeschreibung Direkt gegenüber der Haltestelle gehen wir in den *Raingärtlesweg* und schon 80 Meter weiter nach einem Spielplatz nach links in die *Scillawaldstraße,* die uns direkt zur Barbarakirche bringt. An deren linker Seite lenken wir unsere Schritte vorbei und sehen linker Hand die Überreste der ehemaligen *Burg Hofen.* Kurze Zeit später macht der Weg einen Linksbogen und führt nach dem *Heimgarten Sankt Barbara* durch Kleingärten hindurch.

Wenn wir wieder auf ein Teersträßchen kommen, marschieren wir sofort nach links dem Wegweiser zu den Sportanlagen nach. Ab hier wandern wir zwischen den Sportplätzen beziehungsweise dem Neckar und dem *Scillawald,* der im März in voller Blüte steht. An der Einmündung des *Weidachtals* treffen wir dabei auf einen kleinen Rastplatz.

Kurze Zeit später befinden wir uns zwischen Neckar und dem *Industriegebiet Aldingen* auf dem *Hofener Weg.* Wo er in die *Brückenstraße* übergeht, treffen wir auf das rote Kreuz des Alb-

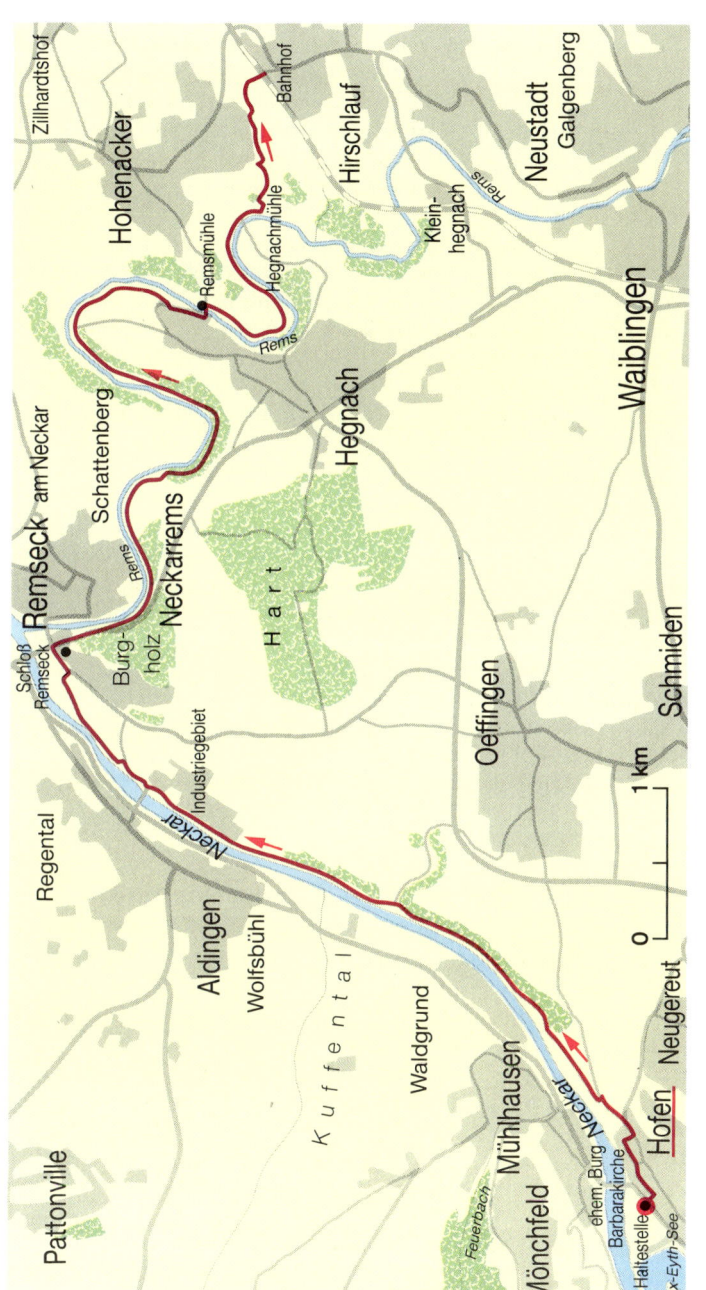

Zillhardtshof

Hohenacker

Neustadt

Galgenberg

Bahnhof

Hirschlauf

Klein-
hegnach

Remsmühle

Hegnachmühle

Rems

Remsmühle

Rems

Schattenberg

Hegnach

Waiblingen

Remseck am Neckar

Neckarrems

Rems

Burg-
holz

H a r t

Schmiden

Schloß
Remseck

Oeffingen

Regental

Industriegebiet

Neckar

1 km

Aldingen

Wolfsbühl

Waldgrund

K u f f e n t a l

Neugereut

0

Mühlhausen

Hofen

Pattonville

Feuerbach

ehem. Burg

Barbarakirche

Mönchfeld

Neckar

Haltestelle

Max-Eyth-See

vereins. Dieses Wanderzeichen geleitet uns zwischen Neckar und Feldern nach *Neckarrems*, an dessen Beginn wir die Straße überqueren, sofort wieder nach links in die *Fellbacher Straße* und dann auf einen Gehweg gehen. (Von hier aus ist auch ein Abstecher zum *Schloß Remseck* möglich). Nach 200 Metern kommen wir zu einer verampelten Kreuzung und entscheiden uns für die nach rechts führende Straße.

Direkt an der Tafel, die das Ortsende von Neckarrems markiert, schickt uns das rote Kreuz nach links ans Ufer der Rems. Wir bleiben immer am (in Marschrichtung gesehen) rechten Ufer der Rems. Wenn der Weg auf eine Straße trifft, folgen wir ihr nach links bergab und nach 200 Metern nach links über eine Brücke. 50 Meter hinter ihr zweigt bei der *Remsmühle* ein Weg nach rechts ab, dem wir folgen, bis wir auf ein kleines Häuschen stoßen (gegenüber befindet sich die Hegnachmühle).

Hier ist unsere Aufmerksamkeit gewaltig gefordert. Etwa 50 Meter nach dem Häuschen führt ein nur schwer erkennbarer Pfad nach links in den Wald und auf die Höhe. Im Zickzack meistern wir die erste und zugleich letzte gravierende Steigung unserer Strecke und gehen auf einem Teerweg durch die Streuobstwiesen. Wenn er in der Nähe des Ortsrands von Hohenacker in einen anderen mündet, müssen wir für etwa 40 Meter nach rechts, und dann bei einem kleinen Steinhäuschen wieder nach links. Ab hier bleiben wir immer außerhalb der Bebauung und in den Obstwiesen, bis wir an einer Weggabelung in der Nähe eines Biotops nach rechts zum *Bahnhof Neustadt-Hohenacker* (S-Bahn-Linie S 3) kommen.

 ## Nellmersbach – Königsbronnhof – Necklinsberg – Birkenweißbuch – Königsstein – Winterbach

Verkehrsmöglichkeiten Bahnhof Nellmersbach der S-Bahn-Linie S 3.
Wegmarkierungen Teilweise unmarkiert, liegendes blaues U, roter Balken, blauer Balken, blauer Punkt, rotes Kreuz.
Tourenlänge Etwa 25 Kilometer. **Wanderzeit** Etwa 7 Stunden.
Höhenunterschiede Etwa 250 Meter.
Wanderkarte 1:50000 Blatt L 7122 Backnang.
Wissenswertes Diese Tour zeichnet sich vor allem durch ihre landschaftlichen Reize mit dem stetigen Wechsel von Wald und Wiesen und herrlichen Ausblicken auf den Schwäbischen Wald

und die Schwäbische Alb aus. Entlang des Weges finden sich immer wieder Spiel- und Rastplätze. – *Winterbach* wird eine vorbildliche Ortskernsanierung bestätigt, zu deren Eindruck neben altem Rathaus, Pfarrhaus und Helferhaus ganz wesentlich die Michaelskirche mit ihrem Chorturm aus dem Jahre 1309 beiträgt.

Tourenbeschreibung Vom Bahnhof aus gehen wir ein Stück auf dem Gehweg entlang der Straße ortsauswärts. Dort, wo wir auf die B 14 stoßen, überqueren wir die Bundesstraße geradeaus und wandern mit dem liegenden blauen U immer sanft, aber stetig bergauf. Wenn wir aus dem Wald auf eine Wiese heraustreten, müssen wir kurze Zeit später einen ganz schmalen Fußweg entlang von Kleingärten benutzen. Bei der *Kreuzeiche* haben wir ein »Zwischenhoch« erreicht und behalten unsere Richtung dem Zeichen nach auf dem *Eichensträßle* bei.

An einer Wegspinne orientieren wir uns leicht halblinks und müssen dann aufpassen: schon nach 40 Metern zweigt nach rechts ein ganz schmaler Pfad mit dem roten Balken ab. Es handelt sich um den Hauptweg 10 des Schwäbischen Albvereins. Kurz bevor wir etwa 1¼ Stunden nach dem Bahnhof endgültig die Höhe erreicht haben und wenn wir das Ende des Waldes bereits erkennen können, biegen wir nach links auf ein Schottersträßchen ab, das uns in die Nähe einer Straße bringt. Hier schwenken wir nach links und weitere 50 Meter später wieder nach links. Wir bleiben auf diesem Schottersträßchen, das schon nach 80 Metern einen deutlich sichtbaren Rechtsbogen macht und unsere Schritte abermals in den Wald hinein lenkt. Nach 300 Metern verabschieden wir uns von diesem Weg nach rechts und benutzen nun einen schmalen Waldpfad. Wenn wir auf die Hauptstraße treffen, überqueren wir sie und gehen sofort wieder halblinks. Bald mündet dieser Waldweg in ein Teersträßchen, auf dem wir nach rechts bis zum *Königsbronnhof* marschieren.

Am Ende des Weilers entscheiden wir uns für ein Sträßchen nach rechts bergab und verlassen dem roten Balken nach den Ort. Nach kurzer Zeit über freies Feld wechseln wir in einem Wäldchen das Wanderzeichen: der blaue Balken schickt uns nach rechts bergab. Ihm folgen wir auch, wenn wir zu einem Wanderparkplatz kommen und uns nach rechts gleich wieder von der dort so nahen Straße entfernen. Wo sich der Weg gabelt, nehmen wir den linken Ast. Ein wichtiger Punkt ist dann ein Gedenkstein an eine Jagd, zu der sich Württembergs König Wilhelm I. am 30. Oktober 1841 aufgehalten hat: hier heißt es nämlich, scharf nach rechts zu gehen. Kurze Zeit später begeg-

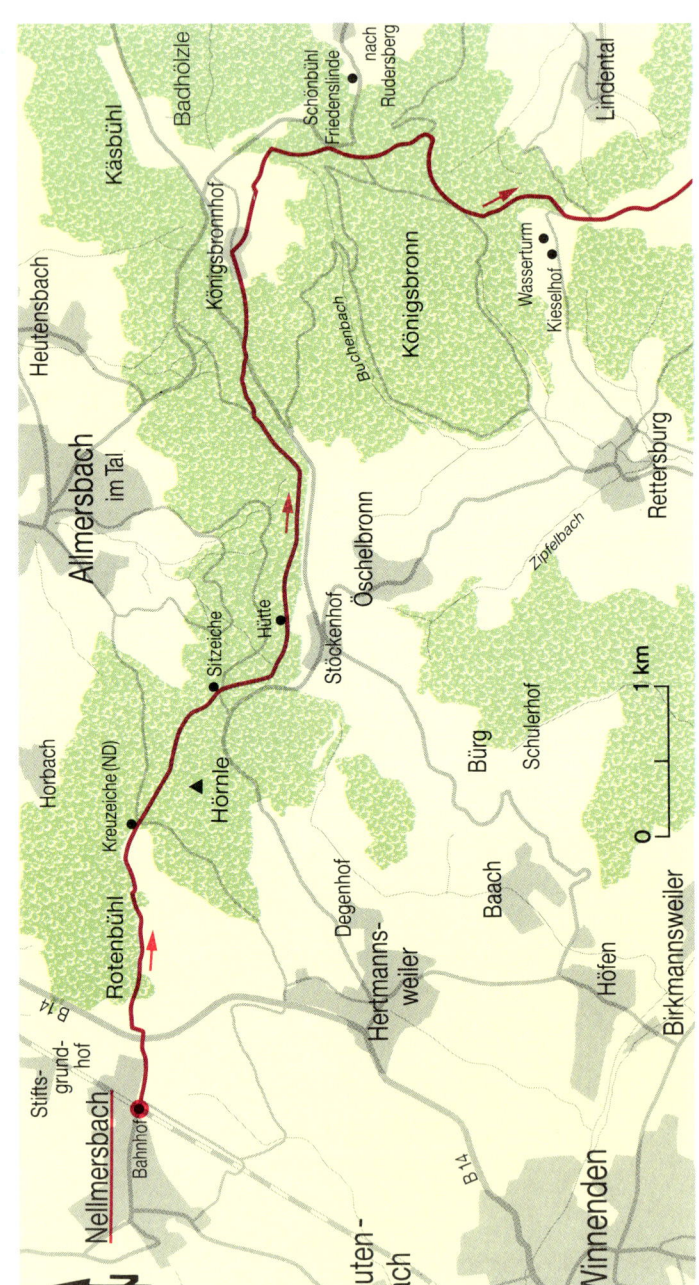

Badhölzle

Käsbühl

Schönbühl
Friedenslinde

nach
Rudersberg

Lindental

Königsbronnhof

Heutensbach

Buchenbach

Königsbronn

Wasserturm

Kieselhof

Allmersbach
im Tal

Rettersburg

Zipfelbach

Sitzeiche

Hütte

Stöckenhof

Öschelbronn

1 km

Horbach

Kreuzeiche (ND)

Hörnle

Bürg

Schulerhof

Rotenbühl

Degenhof

Baach

Höfen

Birkmannsweiler

Stifts-
grund-
hof

B 14

Hertmanns-
weiler

Bahnhof

Nellmersbach

B 14

Leuten-
bach

Winnenden

N

net uns wieder eine Weggabelung, bei der der linke Strang für uns der richtige ist.

Auf freiem Feld geht der Schotterweg in ein Teersträßchen über, das uns nach links in den Ort *Necklinsberg* leitet. Dort nehmen wir die *Berglenstraße* nach rechts und kommen später durch die *Oppelsbohmer Straße,* bevor wir den Ort hinter uns lassen. Bevor die Straße eine scharfe Rechtskurve macht, verabschieden wir uns nach links von ihr und gehen auf einem Feldweg mit dem blauen Balken bergab. Schon nach 300 Metern sind wir wieder auf der Straße, entlang der wir rund 100 Meter auf einem Gehweg laufen. Dann führt uns das Zeichen nach rechts durch ein kleines Wäldchen und danach sofort wieder nach rechts entlang der Straße nach *Vorderweißbuch.*

Dort entscheiden wir uns in der Ortsmitte für die Straße, die nach rechts ortsauswärts führt und müssen kurz vor Ende des Dorfes sehr aufpassen: hier zweigt die *Tribergstraße* ohne jedes Wanderzeichen nach rechts ab. Sie ist für uns die richtige. Kurz nach der Ortschaft gabelt sich dieser Weg, wobei wir links bleiben und uns an den links zu sehenden Häusern orientieren können. An einem Friedhof biegen wir nach links ab und sind schon bald an einer Straße, entlang der wir nach rechts nach *Birkenweißbuch* gelangen.

In der Ortsmitte wenden wir unsere Schritte links der Straße in Richtung Schorndorf nach, die wir jedoch nach den letzten Häusern sofort wieder auf einem Anliegersträßchen nach rechts verlassen können. Ein Spielplatz markiert für uns die Stelle, an der wir nach links zu einer Straße hinab müssen, die wir nach rechts begleiten. Nach etwa einem halben Kilometer stoßen wir auf einen Wegweiser zur Erddeponie Kottweil, der für uns jedoch nur insoweit interessant ist, als er uns auf die nächste Abzweigung nach links vorbereitet, wo ein für Kraftfahrzeuge gesperrtes Teersträßchen in den Wald hinein uns die Richtung weist. Nach rund 10 Minuten haben wir den *Wasserhochbehälter Hohenstein* vor uns. Hier gehen wir dem Weg Nummer 3 nach links nach und folgen ihm nach kurzer Zeit bergab.

Am Ende des Waldes nehmen wir das *Kegelrainsträßle* wiederum nach rechts und gehen an einer Wegspinne in der Nähe eines Wanderparkplatzes erneut rechts. Schon nach kurzem entdecken wir einen Grill- und Spielplatz, hinter dem uns wieder ein Wanderzeichen (ein blauer Punkt) nach rechts begleitet. Etwa 250 Meter später stoßen wir am Weg auf eine riesige Wellingtonia, von der aus ein kleiner Abstecher nach links zum *Forstbrunnen* lohnt. Die Wanderung selbst führt in der ursprünglichen Richtung weiter, allerdings jetzt dem roten Kreuz nach.

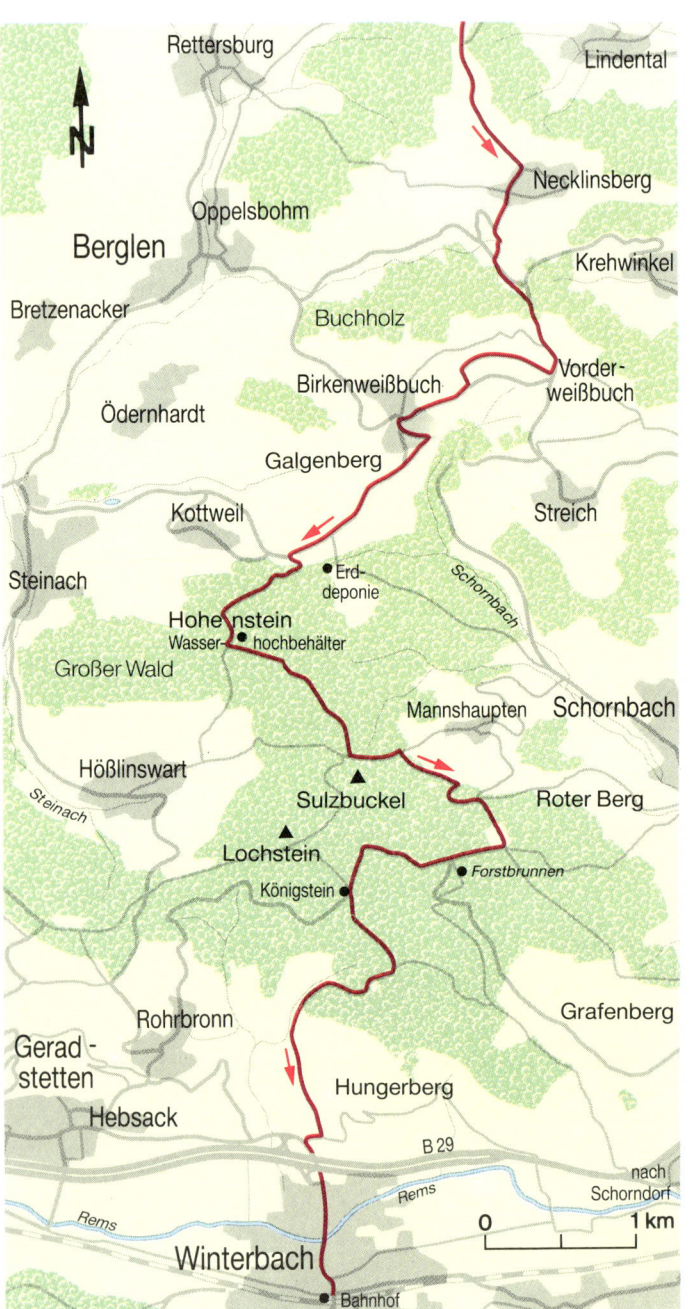

Rettersburg

Lindental

Necklinsberg

Berglen

Oppelsbohm

Krehwinkel

Bretzenacker

Buchholz

Ödernhardt

Birkenweißbuch

Vorder-
weißbuch

Galgenberg

Streich

Kottweil

Schornbach

Steinach

Erd-
deponie

Großer Wald

Hohenstein

Wasser-hochbehälter

Mannshaupten

Schornbach

Hößlinswart

Steinach

Sulzbuckel

Roter Berg

Lochstein

Königstein

Forstbrunnen

Rohrbronn

Grafenberg

Gerad-
stetten

Hungerberg

Hebsack

B 29

nach
Schorndorf

Rems

0   1 km

Rems

Winterbach

Bahnhof

Nach etwa 1 Kilometer stehen wir vor dem *Königsstein,* der an die Vermählung des württembergischen Herrscherpaares Karl und Olga am 13. Juli 1846 erinnert. Für uns signalisiert dieses Denkmal auch einen erneuten Wechsel des Wanderzeichens – der blaue Punkt lenkt unsere Schritte etwa einen halben Kilometer weit nach halblinks und dann scharf nach rechts. Ab hier beginnt der Abstieg ins Remstal, an dessen Ende wir nach rechts und dann nach links über die Brücke über die B 29 *Winterbach* erreichen, wo in der Nähe von Kirche und Rathäusern der *Bahnhof* der *S-Bahn-Linie S 2* zu finden ist.

50 Winnenden – Kleinheppacher Kopf – Beutelsbach

Verkehrsmöglichkeiten Bahnhof Winnenden der S-Bahn-Linie S 3.

Wegmarkierungen Teilweise unmarkiert, blauer Punkt, roter Balken.

Tourenlänge 16 Kilometer. **Wanderzeit** Etwa 4½ Stunden.

Höhenunterschiede Etwa 200 Meter.

Wanderkarte Stuttgart und Umgebung (TK 50 SAV, Blatt 14).

Wissenswertes In der romanischen Schloßkirche von *Winnenden* beim Psychiatrischen Landeskrankenhaus findet sich der bedeutendste Kunstschatz der Stadt, der Jakobusaltar mit seinen Meisterwerken mittelalterlicher Schnitzkunst. – Vom *Kleinheppacher Kopf* hat man einen herrlichen Ausblick auf Remstal und Schurwald. – Die Stiftskirche von *Beutelsbach* war bis zum Jahr 1311 die Grablege der Württemberger.

Tourenbeschreibung Wenn wir den Bahnhof verlassen, folgen wir bei der Post dem blauen Punkt des Schwäbischen Albvereins geradeaus in die *Kornbeckstraße.* Durch eine Unterführung unterqueren wir in der Ortsmitte die B 14 und gehen auf der anderen Seite ein Stück nach rechts bergab, bis wir an der zweiten Ampel ankommen, bei der wir nach links in die *Bachstraße* müssen. An der Bushaltestelle *Ringstraße* schickt uns das Wanderzeichen nach rechts und sofort wieder nach links. Wenn wir an der nächsten Straße angelangt sind, gehen wir nach rechts zum *Psychiatrischen Landeskrankenhaus* und an der Pforte wieder nach rechts und gleich wieder links. An der Schloßkirche, der ehemaligen Deutschordenskirche Sankt Jakob, wandern wir vorbei, bis wir vor einem kleinen Brückchen wieder nach links abbiegen müssen. Am Ende dieses Weges steht uns erneut eine »Rechts-Links-Kombination« bevor. Nach etwa 200 Metern ist

Winnenden

Bahnhof

Zipfelbach

N

Höfen

B 14

Schloßkirche
Psych. Landes-
krankenhaus

Schwaikheim

Waiblinger
Berg

Stöckach
Burkhardshof

Sport -
anlagen

Schelmenholz

Haselstein

Hanweiler

Breuningsweiler

Sonnenberg

Korber Kopf
456 m

Waiblinger
Seite

Zipfelbach

B u o c h e r

Hütte
Spiel- und Grillplatz

Kreuzeiche

H ö h e

Korb

Hörnleskopf

Steinreinach

Klein -
heppacher

Kopf

Buoch

Kleinheppach

Ziegenberg

Gundels-
bach

Groß-
heppach

Sportanlagen

Grunbach

Rems

B 29

Endersbach

0   1 km

Bahnhof

Beutelsbach

unsere Aufmerksamkeit gefordert: hier zweigt ein Weg nach links in die Sportanlagen ab, durch die wir hindurchgehen, bis wir auf eine Straße treffen.

Hier lenken wir unsere Schritte nach rechts bergauf und schon 150 Meter weiter nach links und unter einer Unterführung hindurch. An der ersten Weggabelung folgen wir dem Zeichen nach rechts, genau wie an der Stelle, an der der Weg in einen anderen mündet (wobei es bergab geht). 150 Meter weiter schickt uns das Zeichen nach rechts und sofort wieder nach links. An der ersten Weggabelung beginnt für uns ein ziemlich steiler Weg bergauf. Nach etwa 300 Metern müssen wir bei der nächsten Gabelung weiter nach rechts bergauf. Kurze Zeit später kommen wir im Wald auf einen Hohlweg, an dessen Ende wir kurz nach rechts bis zu einem geschotterten Querweg gehen, der uns nach links auf sicherem Weg zur *Kreuzeiche* mit ihrem Spiel- und Grillplatz bringt. Dort wenden wir uns nach rechts leicht bergab bis zu einer weiteren Grillstelle, wo unsere Wanderrichtung wieder auf »links« und das Wanderzeichen auf den roten Balken wechselt. Achtung: kurz nach dem Ende eines kleinen Anstiegs zweigt nach rechts ein Weg ab, den wir 400 Meter lang benutzen und dann gut aufpassen, daß wir bei einer etwas schwierig zu erkennenden Stelle eine Abzweigung nach links nicht verpassen. An einer Weggabelung kurz vor Ende des Waldes lenken wir unsere Schritte nach rechts und gelangen langsam aus dem Wald hinaus. Halblinks am Waldrand entlang nähern wir uns der

Zu Tour 50 **Weinstadt-Beutelsbach**

(Foto: Bürgermeisteramt Weinstadt-Beutelsbach)

S-Bahn bei Weinstadt   (Foto: Ulrich Schnabel)

Lichtung beim *Kleinheppacher Kopf,* von der aus wir nach rechts den schönen Aussichtspunkt mit Grill- und Rastmöglichkeit erreichen.

Ein wichtiger Orientierungspunkt ist hier das Ehrenmal für die Gefallenen des Ersten Weltkriegs. Hier wandern wir nach links auf einem Schotterweg oberhalb der Weinberge und bei der ersten Möglichkeit scharf nach rechts bergab. Wo der Weg in einen anderen mündet, müssen wir nach links und an einem hübschen Brunnen wieder nach rechts. Die nächste Abzweigung nach links lassen wir noch außer Acht und benutzen erst die folgende in diese Richtung – genauso wie bei einem Regenrückhaltebecken.

Schon bald treffen wir in *Kleinheppach* ein und wandern immer geradeaus, auch nach der Kreuzung am *Alten Rathaus,* wo wir über einen Treppenweg ein Sträßlein erreichen. Bei der ersten Gabelung halten wir uns links und gewinnen entlang der Weinberge wieder an Höhe. Nachdem das Sträßchen einen Linksschwenk gemacht hat, mündet es in ein anderes und führt dann nach rechts, genau wie 40 Meter weiter bei einem weiteren Rückhaltebecken. Die nächste Möglichkeit bringt erneut einen

Linksschwenk. Wir bleiben immer auf diesem leicht nachvollziehbaren Weg entlang des unteren Rands der Weinberge, der
nach etwa einem halben Kilometer eine Kurve nach rechts beschreitet und geradeaus an den Sportanlagen vorbei ins Zentrum
von *Großheppach* führt. An der Kirche wenden wir unsere
Schritte nur kurz nach links, bis uns nach einem Kurvenbogen
der *Heppachweg* nach rechts schickt. Den Weg über die Rems
zu finden, bedeutet keinerlei Problem und beim Zusammentreffen mit einer Straße steht die letzte gravierende Richtungsänderung (scharf nach links) bevor. Immer geradeaus erreichen wir
rund 1 Kilometer später den *Bahnhof Beutelsbach* (S-Bahn-Linie S 2).

51 Schwaikheim – Korber Kopf – Hörnleskopf – Grunbach

Verkehrsmöglichkeiten Bahnhof Schwaikheim der S-Bahn-Li-
nie S 3.
Wegmarkierungen Roter Punkt, rotes Kreuz, roter Balken,
blauer Balken.
Tourenlänge 12 Kilometer.
Wanderzeit 4 Stunden.
Höhenunterschiede Etwa 300 Meter.
Wanderkarte Stuttgart und Umgebung (TK 50 SAV, Blatt 14).
Wissenswertes Durch Wald und Reben verläuft dieser schöne
Weg, der sich darüberhinaus auch noch durch eine Fülle herrli-
cher Ausblicke auf Remstal, Stuttgarter Becken und Schurwald
auszeichnet. – In *Grunbach* ist die Kirche von 1481 im ehemali-
gen Wehrkirchhof bemerkenswert.
Tourenbeschreibung Mit dem roten Punkt des Schwäbischen
Albvereins verlassen wir *Schwaikheim* bergauf. Auf einer
Brücke überqueren wir die Straße Schwaikheim – Waiblingen
(B 14). Dahinter wenden wir uns nach rechts und schon 100 Meter weiter wieder nach links, wobei es im spitzen Winkel erneut
bergauf geht. Nach 100 Metern erwartet uns eine Rechtskehre
hangaufwärts. Kurze Zeit später verlassen wir dieses Teersträßchen und wandern geradeaus in den Wald hinein. Dort, wo der
Weg in einen anderen mündet, müssen wir gut aufpassen: unser
Wanderweg führt als kleiner Pfad geradeaus direkt in den Wald
hinein.
Nach 200 Metern stoßen wir auf ein wahres Gewirr von Wegen. Ab hier ist der rote Punkt nicht mehr für uns »zuständig«,
sondern das rote Kreuz, das uns scharf nach rechts weist. Nach

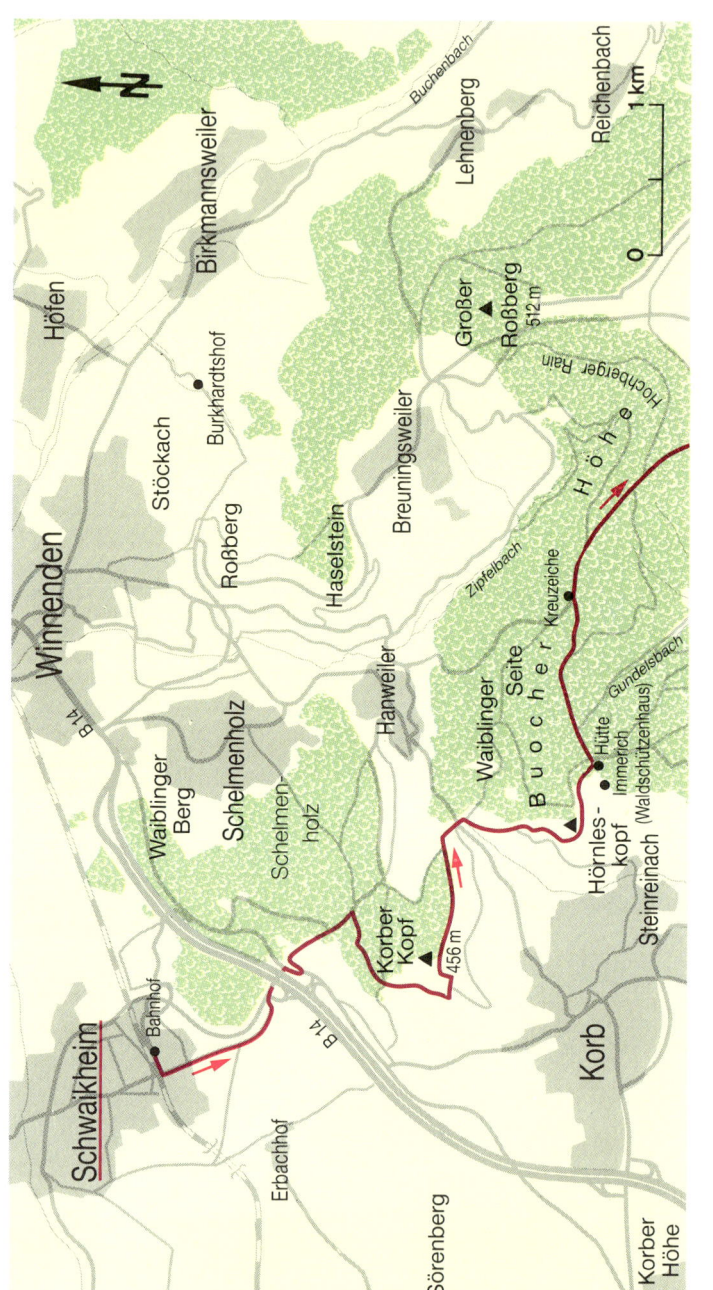

N

1 km

Buchenbach

Reichenbach

Lehnenberg

Birkmannsweiler

Höfen

Großer Roßberg ▲ 512 m

Burkhardtshof

Stöckach

Hochberger Rain

H ö h e

Roßberg

Breuningsweiler

Haselstein

Zipfelbach

Kreuzeiche

Winnenden

B 14

Waiblinger Berg

Schelmenholz

Schelmen-holz

Hanweiler

Waiblinger Seite

B u o c h e r

Gundelsbach

Hütte Immerich (Waldschützenhaus)

Korber Kopf ▲

456 m ▲

Hörnles-kopf ▲

Steinreinach

Bahnhof

Schwaikheim

B 14

Korb

Erbachhof

Sörenberg

Korber Höhe

200 Metern mündet dieser Weg in einen anderen, dem wir uns nach links anschließen. Bald kommen wir aus dem Wald heraus und wandern immer geradeaus durch Weinberge. An der ersten Kreuzung gehen wir nach links. Schon 100 Meter weiter haben wir die Gelegenheit, die steilen Weinbergstäffele aus eigener Erfahrung kennenzulernen. Hier müssen wir nämlich nach links über einen schmalen Treppenweg hoch zum Aussichtspunkt *Korber Kopf*.

Nachdem wir den Blick genossen haben, wenden wir uns von der Treppe aus gesehen nach rechts auf einen Weg zwischen Wald und Reben, der sich langsam senkt. Nach etwa einer Viertelstunde überqueren wir eine Straße und lenken unmittelbar vor einem Parkplatz unsere Schritte nach rechts und bei einer Weggabelung 50 Meter weiter nach links. Nach 10 Minuten sehen wir rechter Hand einen Grillplatz mit Kinderspielplatz, der uns nicht nur eine Möglichkeit zum Ausruhen bietet, sondern auch signalisiert, daß wir nun eine Spitzkehre nach links bergauf in Angriff nehmen müssen. Nach etwa 300 Metern verläßt der Wanderweg das Teersträßchen nach links und präsentiert sich als Pfad entlang des Waldes bis hoch zum Aussichtspunkt *Hörnleskopf*.

Wir bleiben auf diesem Weg und wandern kurze Zeit später in den Wald hinein. Nachdem wir ein Stück bergab marschiert sind, müssen wir bei der ersten augenfälligen Kreuzung nach links noch tiefer in den Wald hinein. Nach etwa 1 Kilometer entdecken wir einen wundervollen Grill-, Rast- und Spielplatz bei der *Kreuzeiche*. Unser Weg leitet uns geradeaus dem roten Balken nach immer auf der *Buocher Höhe* direkt durch den Wald. An dessen Ende gehen wir geradeaus durch Felder und Obstwiesen nach *Buoch*.

An der Ortsdurchfahrt angelangt, gehen wir nach rechts, aber schon 40 Meter weiter mit dem blauen Balken des Albvereins nach links in die *Achalmstraße* und 20 Meter weiter nach rechts durch die Straße *Am Weiher* bis ans Ortsende. Hier gilt es erneut, zunächst nach rechts und 30 Meter weiter nach links bergab zu marschieren.

Am Beginn eines Waldes folgen wir sofort dem blauen Balken nach rechts. Bald darauf queren wir einen geschotterten Waldweg und wandern weiter auf unserem Pfad bergab, der uns quer durch den Forst bis zum Sportplatz *Buchklinge* des VfL Grunbach bringt, von dem aus es weiter geradeaus ins Dorf hinein geht. Wenn uns das Wanderzeichen zur Ortsdurchfahrt gebracht hat, behalten wir die Richtung geradeaus weiter bei, und nach etwa 1 Kilometer findet sich dann der *Bahnhof Grunbach* (S-Bahn-Linie S 2), von dem aus wir die Heimreise antreten können.

Zu Tour 51 **Grunbach**   (Foto: Ulrich Schnabel)

52 Schorndorf – Rohrbronn – Geradstetten

Verkehrsmöglichkeiten Bahnhof Schorndorf der S-Bahn-Linie S 2.

Wegmarkierungen Teilweise unmarkiert, rotes Kreuz.

Tourenlänge 10 Kilometer.   **Wanderzeit** 3 Stunden.

Höhenunterschiede 140 Meter.

Wanderkarte 1:50000 Blatt L 7122 Backnang.

Wissenswertes *Schorndorf* weist wohl die meisten Baudenkmale im Rems-Murr-Kreis auf. Der Marktplatz mit Palmscher Apotheke und Rathaus zählt zu den schönsten im Lande. In Schorndorf wurde übrigens auch Gottlieb Daimler geboren. – In der relativ neuen Kirche von *Hebsack* kann man einen Teil eines Altars aus den Jahren 1512/15 sehen, der kunstgeschichtliche Bedeutung aufweist.

Tourenbeschreibung Wenn wir den Schorndorfer Bahnhof durch das alte Gebäude verlassen, richten wir unsere Schritte nach rechts erst ein Stück den Gleisen entlang bis zu einer Unterführung, durch die wir uns mit dem roten Kreuz des Albvereins begeben. Wir kommen bei einer Kreuzung an, die wir überqueren und nach der Rems sofort nach rechts in die *Mittlere Uferstraße* abbiegen. An deren Ende wartet eine Unterführung unter der B 29 auf uns, nach der wir unsere Schritte immer geradeaus aus dem Ort hinaus lenken, bis an einer Kreuzung uns das Wanderzeichen nach links in die *Grabenhalde* schickt. Diesem Weg bleiben wir auch treu, wenn er bergauf in den Wald hinein führt. Aufmerksam sein müssen wir erst wieder, wenn er in einen anderen mündet, der sich von links unten nähert. Hier geht es noch etwa 50 Meter geradeaus, aber dann müssen wir die nächste Abzweigung nach rechts wählen. Am *Forstbrünnele* und einigen Mammutbäumen vorbei gelangen wir am höchsten Punkt der Strecke zu einer Einmündung, wo uns das rote Kreuz nach links weist. Der nächste markante Punkt ist der *Königstein,* der zur Erinnerung an die Hochzeit des Königspaares Karl und Olga aufgestellt wurde und wo einige Wege sternförmig zusammenlaufen.

Hier verlassen wir das Wanderzeichen, gehen über die Mitte der Kreuzung hinweg und nehmen von zwei noch verbliebenen Möglichkeiten die rechte Variante, das *Rohrbronner Sträßle,* das uns in Schlangenlinien aus dem Wald hinaus und nach *Rohrbronn* hinein bringt. Wir bleiben auf der *Königsteinstraße,* bis sie in eine andere mündet, der wir nach links und dann in einem Rechtsbogen bergab folgen.

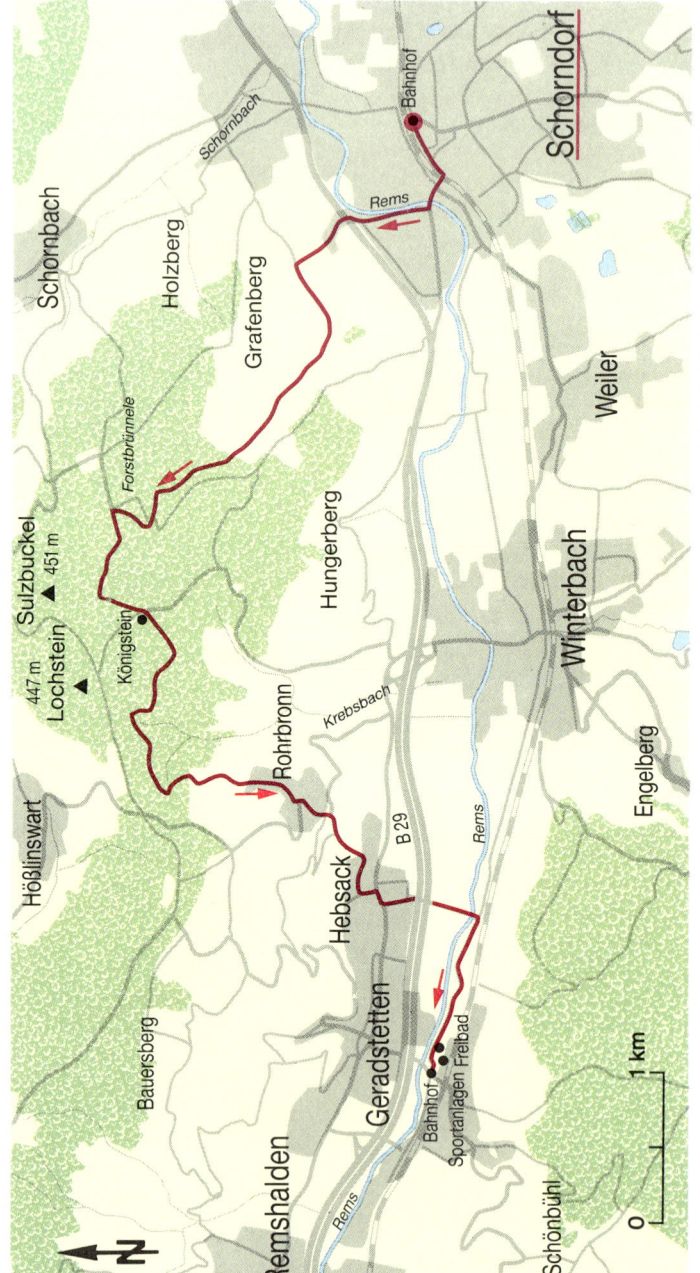

Schorndorf

Bahnhof

Schornbach

Rems

Schornbach

Holzberg

Grafenberg

Weiler

Forstbrünnele

Sulzbuckel
451 m

Hungerberg

Winterbach

447 m
Lochstein

Königstein

Rohrbronn

Krebsbach

Engelberg

Hößlinswart

B 29

Rems

Hebsack

Bauersberg

Geradstetten

Bahnhof
Sportanlagen Freibad

1 km

Remshalden

Rems

Schönbühl

0

N

Beim Scheitelpunkt einer Linkskurve entdecken wir einen Fußweg, der weiter steil bergab führt bis nach *Hebsack,* wo wir uns nach rechts und bei einer Einmündung nach der Kirche nach links richten. An der Ortsdurchfahrt angelangt, geht es für 70 Meter nach rechts und dann nach links in die *Remsstraße,* über die wir den Ort verlassen. Wir wandern geradeaus über die B 29 und über die Rems. Dann haben wir die letzte gravierende Richtungsänderung vor uns: nach rechts kommen wir an Sportanlagen und Freibad vorbei zum *Bahnhof Geradstetten* (S-Bahn-Linie S 2).

53 Winterbach – Schorndorf

Verkehrsmöglichkeiten Bahnhof Winterbach der S-Bahn-Linie S 2.

Wegmarkierungen Teilweise unmarkiert, blaues Kreuz, blauer Balken.

Tourenlänge 8 Kilometer.

Wanderzeit 2½ Stunden.

Höhenunterschiede 220 Meter.

Wanderkarte 1:50000 Blatt L 7322 Göppingen.

Wissenswertes *Winterbach* siehe Tour 49. – *Schorndorf* siehe Tour 52.

Tourenbeschreibung Unsere Wanderung beginnt auf der Seite der Bahngleise, die in Richtung Schorndorf führen. Hier gehen wir nach links und sofort nach rechts in die *Adlerstraße.* Wir halten uns geradeaus bergauf, bis sie in eine andere Straße mündet, und gehen dann nach rechts und nach 30 Metern gleich wieder steil bergauf nach links. Nach 100 Metern gabelt sich dieser Anstieg. Wir nehmen den linken Ast, der uns bei den Sportanlagen in den Wald hinein bringt. Wir ändern die Richtung nicht, bis nach etwa einem halben Kilometer ein Schotterweg mit dem blauen Kreuz schräg nach links von der Straße weg in den Wald führt.

Bis wir zu einer breiten Straße kommen, bleiben wir immer auf diesem breiten und leicht nachvollziehbaren Weg (auch wenn das Wanderzeichen kurz zuvor nach links abzweigt). Nach Überqueren der Straße stoßen wir auf einen Weg, der links von einem Biotop weiter bergauf verläuft. Er ist für uns der richtige und leitet uns bis zur Schleife eines Wegs, dem wir uns nach links bergab anschließen. Nach 100 Metern mündet er in einen anderen. Wir richten unsere Schritte dort nach rechts.

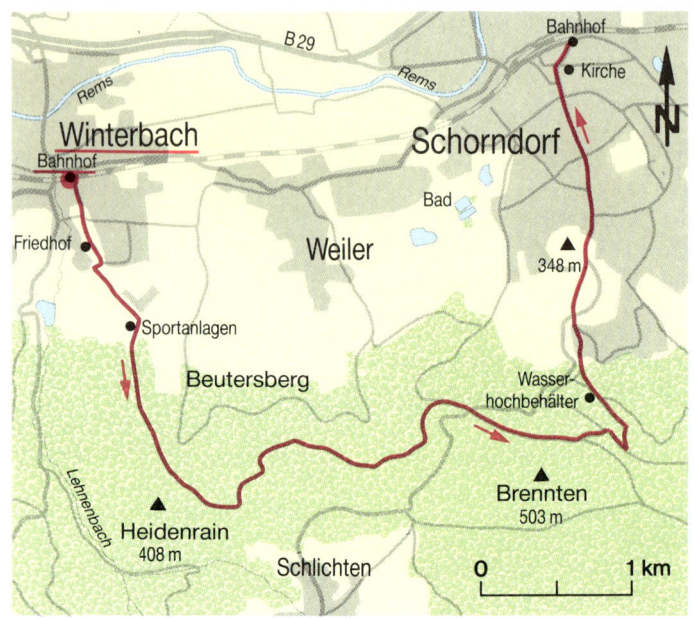

Nach erneut 100 Metern müssen wir gut aufpassen: hier dürfen wir nämlich einen schmalen Pfad nicht verpassen, der nach
links mit dem blauen Balken bergab führt. Dieser Pfad mündet
in einen Querweg. Hier geht es nach links und schon 20 Meter
weiter bei einer Gabelung nach rechts. Dieser Weg leitet uns am
Altersheim Spittlerstift vorbei, kurze Zeit später durch eine Unterführung und auf deren anderer Seite weiter geradeaus zum
Ortsrand von *Schorndorf*.

Den *Bahnhof Schorndorf* (S-Bahn-Linie S 2) zu finden, ist
hier gar nicht schwer: wir gehen immer geradeaus an der *Kirche*
vorbei. Wenn wir nicht mehr geradeaus können, wenden wir uns
zunächst nach rechts und 30 Meter weiter sofort wieder nach
links in die *Hetzelgasse*. Bei der nächsten Gabelung geht es abermals nach links. Dann haben wir unser Ziel erreicht.

54 Winterbach – Lehenbachtal – Goldboden – Winterbach

Verkehrsmöglichkeiten Bahnhof Winterbach der S-Bahn-Linie S 2.

Wegmarkierungen Teilweise unmarkiert, blauer Balken, Nummer 2, blauer Punkt, Nummer 5.

Tourenlänge 8 Kilometer.

Wanderzeit 2½ Stunden.

Höhenunterschiede Etwa 200 Meter.

Wanderkarte 1:50 000 Blatt L 7322 Göppingen.

Wissenswertes *Winterbach* siehe Tour 49. Direkt an der Wanderstrecke liegt das Freibad. – Die Wanderung entlang des romantischen *Lehenbachs* ist nicht zuletzt für Kinder ein Erlebnis.

Tourenbeschreibung Wenn wir auf der Seite der in Richtung Stuttgart führenden Gleise aus dem Bahnhof herauskommen, wenden wir uns noch vor der Kirche bei einem Parkplatz nach links und gehen durch eine Wohnanlage hindurch. Nach dieser gehen wir nach links unter der Bahnlinie hindurch und 100 Meter später in die Straße *Oberdorf* in Richtung Freibad. In dessen Nähe nehmen wir bei einer Weggabelung den rechten Strang.

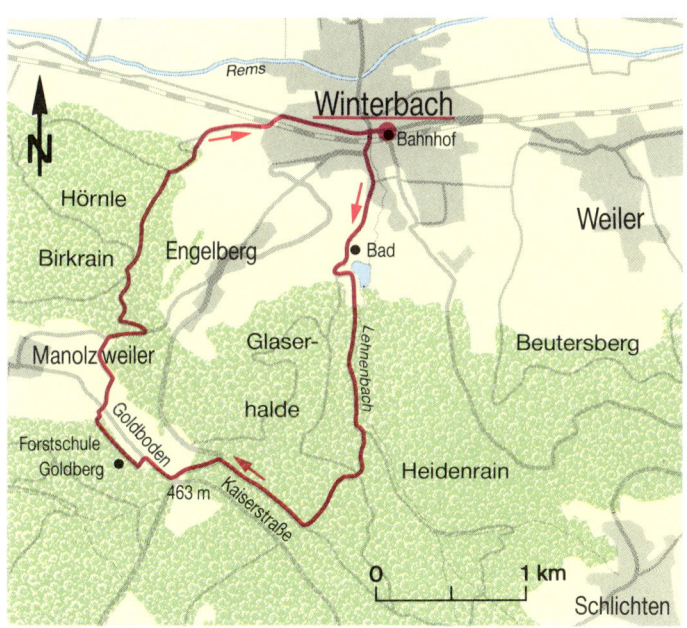

Rund 300 Meter weiter macht unser Weg einen scharfen Linksbogen. (Hier zweigen noch mehrere andere Möglichkeiten ab,
doch wir folgen der Haarnadelkurve an das Ufer eines kleinen
Sees.) Der blaue Balken des Albvereins bestätigt uns, auf dem
richtigen Weg zu sein. Bald gelangen wir in einen Wald hinein
und gehen immer entlang des *Lehenbachs,* bis wir auf den höl-
zernen *Saarbrunnen* stoßen, der sich am Beginn einer Linkskurve des Weges befindet.

Hier müssen wir gut aufpassen: etwa 40 Meter weiter zweigt
der Weg mit dem blauen Balken rechts den Berg hinauf ab (gegenüber dieser Abzweigung befindet sich ein Brücklein). Wir
wandern immer bergauf, bis wir nach rechts einen kleinen Treppenweg sehen, dem wir uns anschließen, wobei wir zunächst
einen kleinen Schotterweg überqueren und dann weiter bergauf
streben.

Wenn wir auf den zweiten querenden Schotterweg treffen,
wenden wir unsere Schritte nach rechts dem Weg mit der Nummer 2 nach. (Achtung: wenn wir an einer Straße ankommen,
sind wir falsch.) Kurz vor einer Straße folgen wir der Ziffer 2
nach links, bis wir doch zu einer Straße kommen.

Hier marschieren wir nach rechts und kommen schon nach 70
Metern zu einer großen Kreuzung, die wir überqueren. Nun
müssen wir etwa 100 Meter entlang der Fahrstraße gehen. Dann
erblicken wir links den Obelisk, der an den Besuch des württembergischen Königs Wilhelm I. im Jahre 1841 erinnert. Hinter
ihm begeben wir uns in den Wald zu einem zweiten Gedenkstein
für einen gewissen G. L. Hurtig aus dem Jahre 1842. Etwa 30
Meter dahinter treffen wir auf einen Waldweg. Dann geht es nur
kurz rechts, aber sofort wieder nach links weiter. Am Zaun der
Forstschule Goldberg schickt uns der blaue Punkt des Albvereins nach rechts. Dieser Weg bringt uns am Waldrand entlang
und in einem Rechtsschwenk zu und über eine Straße. Immer
geradeaus kommen wir wieder am Waldrand an, wo wir unsere
Schritte nach links lenken müssen – bis hin zu einer Teerstraße,
die für uns das Signal bedeutet, daß nach rechts der Weg bergab
beginnen kann.

Schon an der nächsten Kreuzung ändern wir jedoch wieder
die Richtung nach links auf den *Hörnlesweg,* der auch mit der
Nummer 5 gekennzeichnet ist. Bald stoßen wir auf eine markante Wegspinne, bei der wir uns nach rechts von der Ziffer 5
verabschieden und immer geradeaus wandern, bis wir an der
nächsten Kreuzung nach rechts bergab gehen können. (Der ursprüngliche Weg beschreibt einen Linksbogen.) Nach etwa 250
Metern überqueren wir ein kleines Asphaltsträßchen und spazie-

ren an einem schönen Biotop mit hübschem Spielplatz vorbei bis zum nächsten Teerweg. Hier heißt es wieder nach rechts zu gehen, bis wir in der *Weiherstraße* in *Winterbach* ankommen. An deren Ende erkennen wir links einen Bahnübergang, jenseits dessen wir nach rechts gehen. Schon bald sehen wir die Kirche. Vor deren Treppe geht es nach rechts und nach etwa 40 Metern hinter dem alten evangelischen Pfarrhaus wieder in die Wohnanlage, durch die wir schon den Hinweg angetreten haben.

55 Winterbach – Engelberg – Stumpenhof – Plochingen

Verkehrsmöglichkeiten Bahnhof Winterbach der S-Bahn-Linie S 2.

Wegmarkierungen Blauer Punkt, rotes Kreuz, blauer Balken, roter Balken, blaues Kreuz.

Tourenlänge 16 Kilometer.

Wanderzeit 4½ Stunden.

Höhenunterschiede 250 Meter.

Wanderkarte Stuttgart und Umgebung (TK 50 SAV, Blatt 14).

Wissenswertes *Winterbach* siehe Tour 49. – Neben der Freien Waldorfschule auf dem *Engelberg* steht ein »Schloß« genanntes Gebäude aus dem Jahre 1602. – Auf dem *Stumpenhof* erinnert ein Aussichtsturm an die Gründung des Schwäbischen Albvereins. – In der Fußgängerzone von *Plochingen* stößt man auf viele alte Fachwerkbauten (herausragend ist das alte Rathaus, das eigens versetzt wurde, um es zu erhalten).

Tourenbeschreibung Vom Bahnhof aus gehen wir nach links dem Schild »Zur Ortsmitte« nach. Am alten Rathaus biegen wir nach links ab und unterqueren die Bahnlinie. Sofort dahinter schickt uns der blaue Punkt des Albvereins nach rechts auf einem schmalen Fußgängerweg, der nicht auf den ersten Blick zu erkennen ist. Über die *Alte Engelbergstraße* kommen wir zur Hauptverbindungsstraße in Richtung Schurwald, die wir überqueren und uns ab dort vom roten Kreuz des Albvereins durch die Straße *Am Pflaster* bergauf bringen zu lassen.

Nach knapp 200 Metern wartet eine Unterführung auf uns, die uns die erneute Überquerung der Straße erspart. Schon bald stoßen wir auf die Gebäude des Waldorfzentrums am *Engelberg*. Nach ihnen biegen wir nach rechts auf der Ortsdurchfahrt ab und durchqueren den Ort auf der *Esslinger Straße*. Am *Sandweg* verabschieden wir uns nach rechts von den Autos. Vorsicht: am Ende des Sandwegs gabelt sich der Wanderweg. Wir entschei-

den uns für das blaue Kreuz und wandern bergauf in Richtung Manolzweiler. Ziemlich auf der Höhe biegt nach links ein Weg in Richtung Goldboden ab. Diesen lassen wir jedoch völlig außer acht und bleiben dem blauen Kreuz treu. Wir durchqueren nach kurzem *Manolzweiler* auf dem *Kirchenweg* und biegen an der Hauptstraße kurz nach rechts ab, um an der *Albstraße* sofort wieder dem blauen Kreuz nach links zu folgen.

Hier geht es nach dem Ort zunächst steil bergab, dann nach rechts in Richtung Wald. Dort müssen wir uns scharf nach links und auf einem schmalen Pfad wieder bergab orientieren. Nur Minuten später queren wir einen Waldweg kurz nach rechts und gehen gleich wieder nach links, wobei uns immer das blaue Kreuz begleitet. Es dauert nicht lange, bis wir erneut unsere Schritte nach rechts lenken und 100 Meter weiter wieder nach links gehen (weg vom breiten Weg). Im *Schlierbachtal* angelangt, spazieren wir immer geradeaus bis kurz vor Baach.

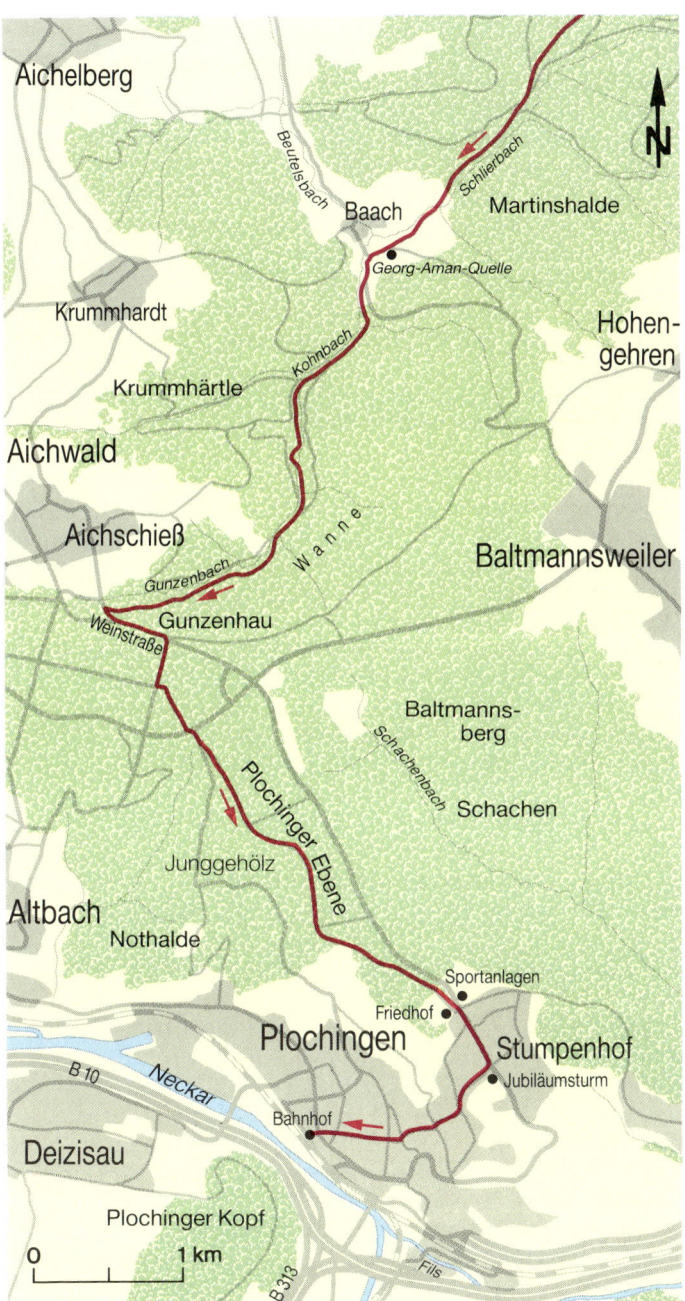

Aichelberg

Beutelsbach

Baach

Schlierbach

Martinshalde

Georg-Aman-Quelle

Krummhardt

Hohen-
gehren

Krummhärtle

Kohnbach

Aichwald

Wanne

Aichschieß

Baltmannsweiler

Gunzenbach

Gunzenhau

Weinstraße

Baltmanns-
berg

Schachenbach

Plochinger Ebene

Schachen

Junggehölz

Altbach

Nothalde

Sportanlagen

Friedhof

Plochingen

Stumpenhof

Jubiläumsturm

Neckar

B 10

Bahnhof

Deizisau

Plochinger Kopf

Fils

B 313

0   1 km

N

Kurz nach der *Georg-Aman-Quelle* müssen wir leider wieder kurze Zeit auf der Fahrstraße nach links leicht bergauf. Nach etwa 100 Metern trennt sich ein Waldweg von der breiteren Trasse und führt nach rechts mit einem blauen Balken in Richtung Aichschieß in den Wald durchs *Kohnbachtal.*

Wir begleiten immer den *Kohnbach* bis zu einer Brücke, über die wir jedoch nicht gehen, sondern links des Flußlaufes geradeaus wandern. Nach etwa einer Viertelstunde romantischen Wegs kehren wir wieder zur Schotterstraße zurück, auf der es geradeaus und schon nach 200 Metern bergauf geht. Kurz bevor wir mit Hilfe des blauen Balkens auf der Höhe angelangt sind, zweigt nach links ein Weg mit einem blauen Punkt ab, dem wir uns anschließen.

Nach einigen hundert Metern parallel zu einer recht lauten Landstraße biegen wir nach rechts und folgen dem roten Balken ein kleines Stück Richtung Jägerhaus. Nach rund 200 Metern wird es freilich kompliziert: das Ziel Jägerhaus, das rechts liegt, müssen wir völlig aus den Augen verlieren und uns statt dessen kurz nach links und sofort wieder nach rechts am blauen Kreuz zum *Stumpenhof* ausrichten.

Diesen Plochinger Stadtteil erreicht man nach etwa einer Dreiviertelstunde über die *Plochinger Ebene.* Schon von weitem entdeckt man den *Jubiläumsturm* des Schwäbischen Albvereins, von dem man einen herrlichen Blick über Albrand und Schönbuch genießen kann. Blaues Kreuz und blauer Punkt sind dann unsere Begleiter hinab ins Neckartal zum *Plochinger Bahnhof* (S-Bahn-Linie S 1) mit Anschluß an die Linie S 1.

56 Rotenberg – Kernenturm – Jägerhaus – Schurwald – Altbach

Verkehrsmöglichkeiten Haltestelle Rotenberg der SSB-Buslinie 61 (Endstation).
Wegmarkierungen Teilweise unmarkiert, roter Balken.
Tourenlänge 15 Kilometer. **Wanderzeit** Etwa 4 Stunden.
Höhenunterschiede Etwa 100 Meter.
Wanderkarte Stuttgart und Umgebung (TK 50 SAV, Blatt 14).
Wissenswertes Die Grabkapelle der Württemberger auf dem *Rotenberg* bietet einen Blick in die Vergangenheit. – Der Aussichtsturm auf dem *Kernen* vermittelt einen Blick ringsum ins Ländle. – Nahe Rotenberg, am Kernenturm und beim Jägerhaus findet man schöne Spielplätze.

Zu Tour 56 **Rotenberg, Grabkapelle**   (Foto: Ulrich Schnabel)

Tourenbeschreibung Gleich bei der Haltestelle machen wir
einen kurzen Abstecher zur Grabkapelle der Württemberger,
die leicht zu erkennen ist. Nach dem Besuch dieser historischen
Stätte gehen wir mit dem roten Balken des Schwäbischen Albvereins, der zugleich den *Georg-Fahrbach-Weg* markiert, zurück
ins Dorf und ein Stück die *Stettener Straße* bergauf. Am *Blasius-
weg* führt uns der rote Balken nach rechts und gleich wieder
links in Richtung Kernenturm. Durch Weinberge gelangen wir
auf die Höhe und biegen bei der ersten Möglichkeit nach rechts
und an einem Spielplatz gleich wieder nach links in Richtung
eines Wäldchens ab. Schon nach 200 Metern wenden wir uns
nach rechts direkt in den Wald hinein. Wo der Waldweg nach
etwa 1 Kilometer auf ein Asphaltsträßchen trifft, zweigt der
Weg nach rechts ab. Nach etwa 200 Metern bergauf gehen wir
leicht nach links. 50 Meter weiter benutzen wir geradeaus einen
kleinen Asphaltpfad steil bergauf.

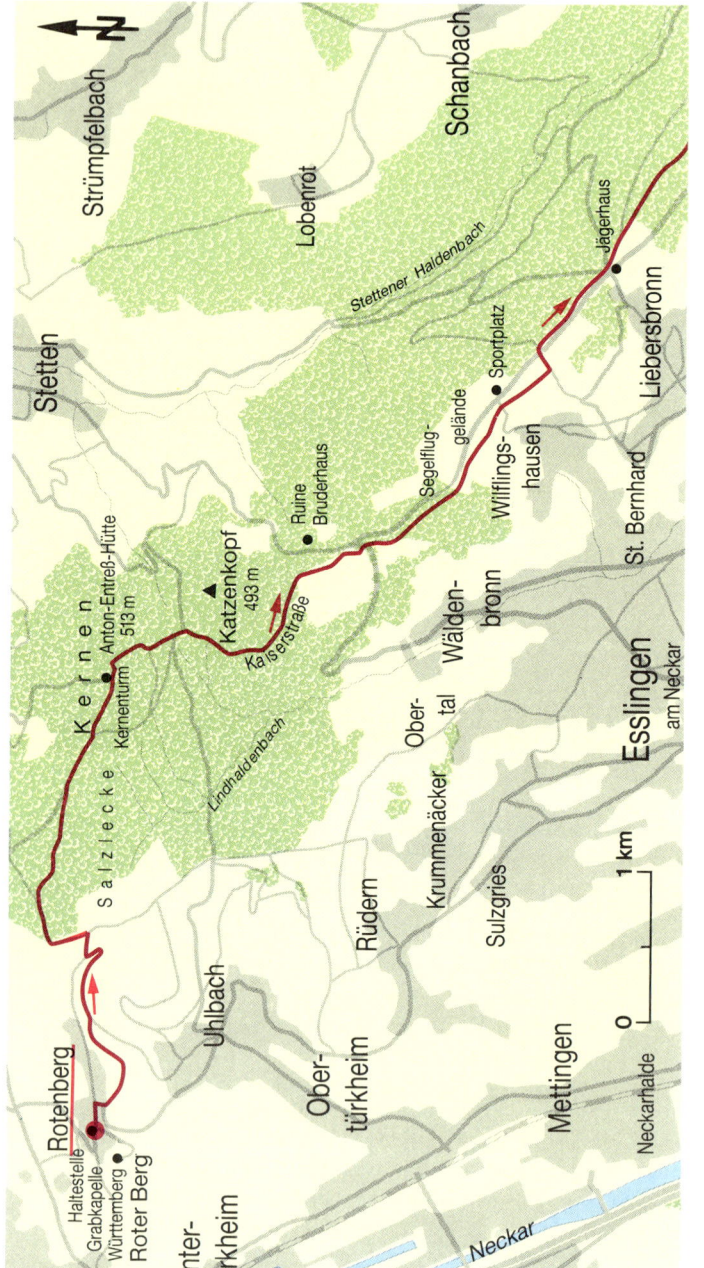

N

Strümpfelbach

Schanbach

Lobenrot

Stettener Haidenbach

Jägerhaus

Stetten

Liebersbronn

Sportplatz

Segelflug-
gelände

Wilflings-
hausen

Ruine
Bruderhaus

St. Bernhard

Kernen

Anton-Entreß-Hütte
513 m

Katzenkopf
493 m

Kaiserstraße

Kernenturm

Wälden-
bronn

Salzlecke

Lindhaldenbach

Ober-
tal

Esslingen
am Neckar

Krummenäcker

Rüdern

Sulzgries

1 km

Uhlbach

Ober-
türkheim

Mettingen

0

Rotenberg

Neckarhalde

Haltestelle
Grabkapelle
Württemberg
Roter Berg

Unter-
türkheim

Neckar

Vom *Kernenturm* aus führt ein kleines Asphaltsträßchen weiter in den Wald. Am Ende des Gefälles überqueren wir eine
Forststraße und biegen nach etwa 50 Metern nach rechts auf die
Kaiserstraße ein, wo uns erneut der rote Balken begleitet. Nach
der nicht gerade ansehnlichen Mülldeponie des Landkreises Esslingen auf dem *Katzenbühl* kommen wir an eine Straßenkreuzung, wo nach links die Kreisstraße Richtung Plochingen/Aich-
wald abzweigt. Der Wanderweg zum Jägerhaus bleibt zunächst
an deren rechter Seite. Auf der Höhe schließen wir uns dem
Esslinger Höhenweg nach rechts und sofort wieder nach links
an. Dort, wo er auf einen Sportplatz des CVJM trifft, verabschieden wir uns wieder nach links, überqueren die Kreisstraße
und folgen sofort danach dem Wanderweg nach rechts.

Der rote Balken bleibt auch unser Begleiter, wenn der Weg
vom *Jägerhaus* aus wieder in den Wald führt. Einige Zeit lang
informiert ein Waldlehrpfad uns über Wichtiges aus der Forst-
wirtschaft. 2 Kilometer können wir geradeaus marschieren,
dann heißt es, eine scharfe Rechtskurve zu machen, bevor wir
uns 300 Meter weiter nach links orientieren und immer mehr
einer Autostraße nähern. Ihr folgen wir nur etwa 50 Meter nach
rechts und gelangen dann mit dem roten Balken gegenüber der

189

Einmündung der Straße aus Richtung Kernen wieder in den Wald hinein.

Am zweiten Schotterweg, der nach rechts abzweigt, verabschieden wir uns vom Wanderweg. Eine gute Orientierungshilfe sind dabei die Hochspannungsleitungen zum Kohlekraftwerk in Altbach. Wo der Weg in einen anderen mündet und gleichzeitig nach links am Waldrand entlang ein Weg in Richtung Baltmannsweiler führt, lenken wir unsere Schritte kurz bergauf. An einer Sitzgruppe am Waldrand machen wir wieder einen Rechtsbogen und gehen geradeaus zu den ersten Häusern von *Altbach*. Von dort geht es geradeaus durch die *Staufenstraße* und nach rechts in Richtung des großen Schornsteins des Kohlekraftwerks der Neckarwerke steil bergab. Quer durch den Ort kommen wir direkt zum *Bahnhof Altbach* (S-Bahn-Linie S 1) von dem aus wir die Heimfahrt antreten können.

57 Altbach – Jägerhaus – Liebersbronn – Esslingen

Verkehrsmöglichkeiten Haltestelle Oberer Eulenbergweg in Altbach der RBS-Buslinie 7677 (oder Bahnhof Altbach, S-Bahn-Linie S 1).

Wegmarkierungen Teilweise unmarkiert, blauer Punkt, blauer Balken, roter Balken.

Tourenlänge Etwa 16 Kilometer. **Wanderzeit** Etwa 5 Stunden. **Höhenunterschiede** Etwa 400 Meter.

Wanderkarte Stuttgart und Umgebung (TK 50 SAV, Blatt 14).

Wissenswertes Die ehemals freie Reichsstadt *Esslingen* läßt ihre Vergangenheit heute noch nachempfinden. Sehenswürdigkeiten wie die von Weinbergen umgebene Burg, die Stadtkirche Sankt Dionys, die Frauenkirche, das Münster Sankt Paul, das alte Rathaus oder aber auch »Klein-Venedig« mitten in der Stadt lohnen einen ausführlichen Bummel.

Tourenbeschreibung Die RBS-Linie 7677 fährt den Haltepunkt *Oberer Eulenbergweg* sonntags nicht an. Wer dann die Wanderung in Angriff nehmen will oder ohnehin die S-Bahn bevorzugt, sollte sich vom S-Bahnhof *Altbach* dem blauen Punkt des Albvereins bis zum Ortsende am Hang anschließen. Die Wanderung verlängert sich dadurch um etwa 1½ Kilometer oder eine halbe Stunde.

Wir orientieren uns, wenn wir von der RBS-Haltestelle losgehen, an der Straße *Am Braunkiel* und gehen durch sie, bis sie an einer Wendeplatte in einen Treppenweg übergeht. Wo er in eine

Zu Tour 57 **Esslinger Höhenweg, am Jägerhaus** (Foto: Ulrich Schnabel)

andere Straße mündet, folgen wir dieser nach rechts bergauf bis zum Ende der Bebauung.

Ab hier deckt sich die Beschreibung beider Tourenvarianten: Dort zweigt nach links ein Feldweg ab. Schon 40 Meter weiter schickt uns der blaue Punkt des Albvereins bergauf bis zu einer Weggabelung am Waldrand, an dem wir nach rechts entlanggehen. Nach etwas mehr als 100 Metern macht dieser Weg einen Rechtsschwenk. Wir wandern jedoch etwa 20 Meter geradeaus weiter und dann nach links in den Wald hinein. Nach etwa 600 Metern zweigt nach links ein etwas schmalerer Weg bergauf ab. Diese wichtige Stelle ist am besten dadurch zu erkennen, daß von rechts genau gegenüber ein breiter Schotterweg einmündet. Am höchsten Punkt dieser Steigung nach links überqueren wir eine Straße und gehen genau gegenüber weiter in den Wald hinein. Wir bleiben immer geradeaus, bis wir zur nächsten Autostraße gelangen, die wir ebenfalls überqueren.

»Sofort nach links« heißt die Devise, wenn wir nach 10 Metern auf einen Schotterweg gelangen, von dem sich wiederum nach etwas mehr als 20 Metern ein nur schwer erkennbarer Fußpfad nach rechts verabschiedet, der sich zunächst immer parallel zur Fahrstraße hält. Wenn er sich von ihr entfernt, stoßen wir schon binnen kurzem auf einen Schotterweg, dem wir uns nach links (mit dem blauen Balken) anschließen. Am Ende der Bergaufstrecke müssen wir wieder eine Straße überqueren und ohne jegliche Richtungsänderung die nächste Straße anvisieren,

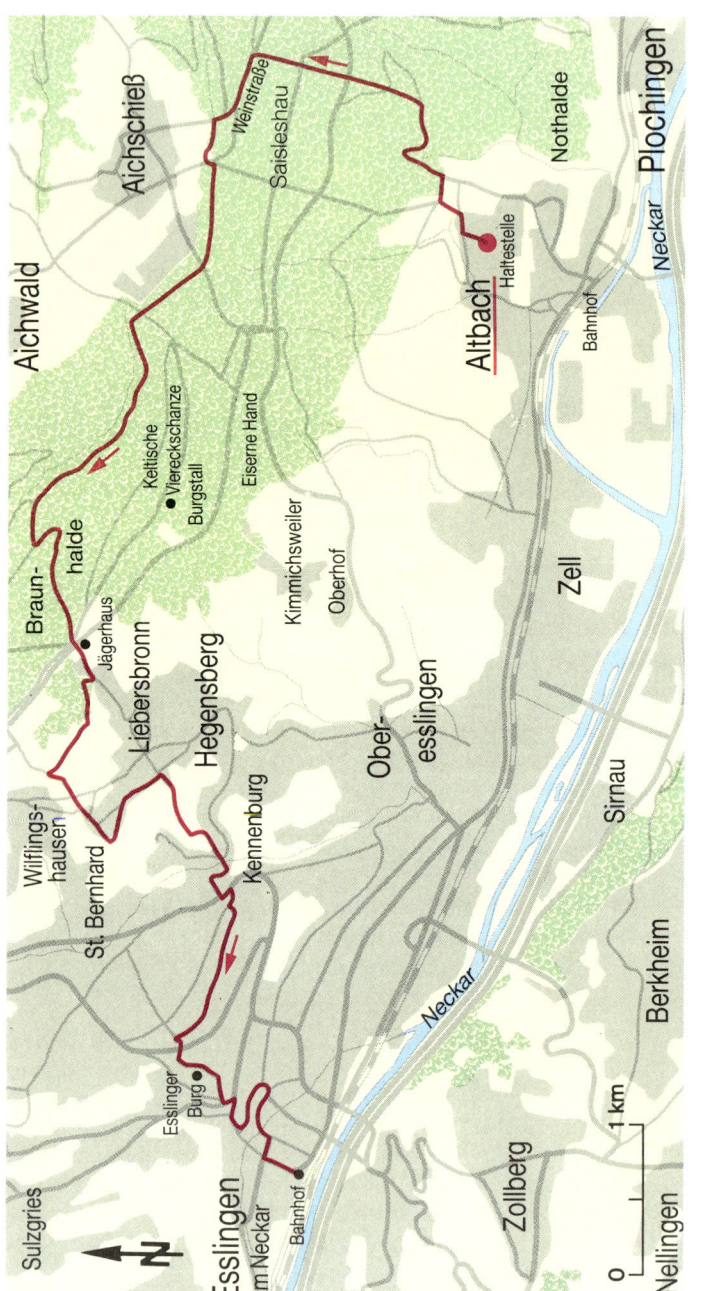

Plochingen

Nothalde

Neckar

Altbach

Haltestelle

Bahnhof

Aichschieß

Saisleshau

Weinstraße

Aichwald

Keltische
Viereckschanze
Burgstall

Eiserne Hand

Kimmichsweiler

Oberhof

Zell

Braun-
halde

Jägerhaus

Liebersbronn

Hegensberg

Ober-
esslingen

Sirnau

Wilflings-
hausen

St. Bernhard

Kennenburg

Esslinger
Burg

Berkheim

Neckar

Esslingen
am Neckar

Bahnhof

Zollberg

Sulzgries

N

0   1 km

Nellingen

die wir aber wiederum nur überschreiten. Etwa 400 Meter weiter mündet der Weg in einen anderen. Hier lenken wir unsere Schritte kurz nach rechts und dann sofort wieder auf einen Schotterweg nach links. Nach etwa 1 Kilometer geht dieser Weg in einen anderen über, wobei wir uns für den linken Strang (bergauf) entscheiden. Auch bei der nächsten Einmündung wählen wir die linke Variante, die uns sicher auf die Höhe zum *Jägerhaus* bringt. Etwa 200 Meter hinter einem Wanderparkplatz wir nach der Tennisanlage auf einem Spielplatz Rast machen.

Die eigentliche Wanderung setzt sich jedoch rechts neben dem *Jägerhaus* (genau gegenüber der Stelle, wo wir die Höhe erreicht haben) fort, zunächst auf der Straße Richtung Esslingen. Etwa 200 Meter danach biegt nach rechts der *Esslinger Höhenweg* ab, dem wir uns anschließen. Am Waldrand lenken wir unsere Schritte nach links und an der nächsten Einmündung nach rechts. Nach etwa 400 Metern treffen wir auf eine Kreuzung, an der der Höhenweg sich nach rechts fortsetzt. Wir marschieren aber genau entgegengesetzt nach links. Auf diesem Teerweg gehen wir immer geradeaus bergab durch die *Strümpfelbacher Steige* und an einer Kreuzung nach Ende der Bebauung wieder nach links. Wo dieser Teerweg in einen anderen mündet, entscheiden wir uns für die Variante nach links (leicht bergauf). Wenn wir auf die ersten Häuser von *Liebersbronn* stoßen, müssen wir wieder nach rechts, und zwar bis nach etwa 300 Metern erneut nach rechts die *Pfauenbergsteige* bergab führt.

Zu Tour 57 **Esslingen beim Jägerhaus**   (Foto: Ulrich Schnabel)

Zu Tour 57 **Blick auf Esslingen** (Foto: Ulrich Schnabel)

An deren Ende folgen wir etwa 50 Meter einer Autostraße und dann nach rechts dem *Goerdelerweg*. Etwa 50 Meter später ist nach Haus Nummer 90 bei einem Telefonhäuschen erneut eine Richtungsänderung angesagt auf einen Treppenweg nach links bergauf. Am Ende gehen wir 10 Meter nach rechts und dann gleich wieder nach links. Nach weiteren Stufen überqueren wir die *Rotenackerstraße* an einer Fußgängerampel und gehen geradeaus in die *Flandernstraße.* 50 Meter später biegen wir nach links ab und folgen der Straße *Lenzhalde* in einem Rechtsbogen. Wir gehen immer geradeaus, bis wir rechter Hand das Haus Nummer 37 entdecken.

Genau gegenüber steigen wir einen Treppenweg hinunter zur *Esslinger Burg.* Hier können wir uns ganz nach Belieben aufhalten, für den Weiterweg entscheidend ist das Gebäude am rechten Ende der Festung, die *Hochwacht.* Von dort aus führt die *Burgstaffel* steil nach rechts hinunter in die Stadt.

Am Ende der Staffel gehen wir nach links und an der *Augustinerstraße* nach rechts. 100 Meter weiter gehen wir direkt hinter dem *Salemer Pfleghof* nach rechts durch eine Unterführung zum *Marktplatz,* den wir nach links überschreiten. Am rechten Ende dieses historischen Platzes sehen wir das *Alte Rathaus,* an dessen linker Seite wir entlangschlendern und nach rechts in die *Ze*hentgasse abbiegen. Weiter geht es rechts in die *Archivstraße* und sofort wieder nach links im spitzen Winkel in den *Kesselwa-*

sen. Nachdem wir »*Klein-Venedig*« bestaunt haben, stoßen wir auf einen Parkplatz und orientieren uns an einer uralten Brücke, auf die linker Hand eine Treppe führt. Oben spazieren wir nach rechts durch die Fußgängerzone bis kurz vor dem *Aeskulapbrunnen,* wo nach rechts die Straße *Unterer Metzgerbach* abzweigt, an deren Ende wir nach links schon binnen kurzem das *Schelztor* erreichen. Die *Bahnhofstraße* lenkt unsere Schritte nach links – und automatisch zum *Bahnhof Esslingen* (S-Bahn-Linie S 1).

58 Rommelshausen – Kernen – Luginsland – Fellbach

Verkehrsmöglichkeiten Bahnhof Rommelshausen der S-Bahn-Linie S 2.
Wegmarkierungen Blauer Balken, roter Balken, roter Punkt, rotes Kreuz, Stuttgarter Rößle, gegen Ende unmarkiert.
Tourenlänge 10 Kilometer. **Wanderzeit** 2¾ Stunden.
Höhenunterschiede Etwa 320 Meter.
Wanderkarte Stuttgart und Umgebung (TK 50 SAV, Blatt 14).
Wissenswertes Vom Aussichtsturm auf dem *Kernen* kann man einen weiten Blick über die Region werfen. Der Weg hinab ins Tal führt dann durch zahlreiche Weinberge.
Tourenbeschreibung Vom Bahnhof aus gehen wir etwa 100 Meter entlang der Gleise nach rechts. Dann wandern wir nach links immer geradeaus in den Ort hinein bis zu einer großen verampelten Kreuzung nach 600 Metern. Dort lenken wir unsere Schritte zuerst nach rechts, nach kurzer Zeit durch die *Haldenstraße* nach links bergauf und gleich wieder bergab. Dabei begleitet uns der blaue Balken des Albvereins. An einem kleinen Biotop verlassen wir nach rechts langsam die Ortschaft und gehen gegen Ende der Bebauung nach links von der Straße weg bergauf. Bei den Sportanlagen gehen wir nach rechts dem *Stadion* entlang, nach dem der Weg in die Obstwiesen führt. Bei der nächsten größeren Kreuzung müssen wir nach links und sofort wieder nach rechts. Durch eine Kleingartensiedlung hindurch bleiben wir immer auf diesem Teersträßchen, das am Waldrand als Schotterweg geradeaus in den Wald weiterführt.

Nach etwa 10 Minuten Steigung kommen wir zu einer Weggabelung, wo unser Wanderweg sich als schmaler Pfad geradeaus weiter nach oben fortsetzt. Er bringt uns sicher zum *Aussichtsturm* auf dem *Kernen* mit seinem Grill-, Spiel- und Rastplatz.

Weiter geht es nach rechts dem roten Balken des Albvereins
nach, bis wir nach 300 Metern bergab auf eine breitere Teerstraße treffen, der wir nach rechts folgen. Wir bleiben auf diesem Sträßchen, auch wenn der rote Balken zwischenzeitlich
nach links in Richtung Rotenberg abzweigt. Etwa 400 Meter
weiter sehen wir uns mit einem wahren Gewirr an Wegen kon-
frontiert. Hier wird es etwas kompliziert: wir gehen über die
Mitte der Kreuzung hinweg und nehmen den linken Strang der
jetzt noch übriggebliebenen Weggabelung, wobei wir uns dem
roten Balken des Albvereins in Richtung Kappelberg anschließen. 300 Meter weiter trennen wir uns jedoch von diesem Wanderzeichen und lassen uns für kurze Zeit vom roten Punkt nach
links bergab begleiten.

Nach Ende des Waldes wechselt das Wanderzeichen bei einem
Linksbogen erneut auf das rote Kreuz, das uns zu Beginn nach
links und schon 150 Meter weiter mitten in einer Kleingarten-

siedlung nach rechts steil bergab schickt (hier gut aufpassen!). Rund 80 Meter weiter geht es nach rechts auf einen sehr schmalen Pfad, der sich nach 100 Metern erneut nach links fortsetzt.

Am Ende dieses Treppenweges nehmen wir die linke von drei Möglichkeiten und begeben uns nur kurz darauf sofort wieder nach rechts. Durch Weinberge marschieren wir immer geradeaus bergab und, kurz bevor wir auf eine Autostraße treffen, nach rechts (wieder mit dem roten Kreuz). Hinter einem Brücklein müssen wir sofort nach links abbiegen und bleiben auf diesem Weg, bis er sich hinter einem kleinen Teich gabelt und der linke Strang für uns der richtige ist.

100 Meter weiter stoßen wir bei einer Einmündung auf das Rößle des Stuttgarter Rundwanderwegs, dem wir uns nach rechts bergauf anschließen. Auf der Höhe lenken wir unsere Schritte bei einer Einmündung nach links und gelangen dann nach 400 Metern bei einer Straßenkreuzung an. Hier bleiben wir geradeaus und einige hundert Meter auf dem Gehweg der Straße nach *Fellbach.*

Bei den ersten Häusern der Stadt verabschieden wir uns sofort nach links in den *Kirschenweg,* der uns auf eine Kleingartensiedlung zuführt. »Rechts« heißt die Richtung bei einer Weggabelung und auch bei der ersten Abzweigung danach. Immer geradeaus stoßen wir schließlich auf die B 14 und 100 Meter links der Einmündung auf die *Haltestelle Höhenstraße* der Stadtbahn-Linie U 1 sowie der RBS-Buslinien 7930 und 7932.

59 Endersbach – Stetten – Tor – Uhlbach

Verkehrsmöglichkeiten Bahnhof Endersbach der S-Bahn-Linie S 2.

Wegmarkierungen Teilweise unmarkiert, roter Balken, blauer Balken.

Tourenlänge 10 Kilometer.

Wanderzeit 2¾ Stunden.

Höhenunterschiede Etwa 320 Meter.

Wanderkarte Stuttgart und Umgebung (TK 50 SAV, Blatt 14).

Wissenswertes Auf dieser Tour erhält man einen dreifachen Eindruck vom Weinbau in der Region Stuttgart, zum einen durch die hübschen Weingärtnerhäuschen im alten Teil von *Endersbach,* zum zweiten durch die Weinberge, die man (neben einer größeren Waldstrecke) durchquert, zum dritten durch das

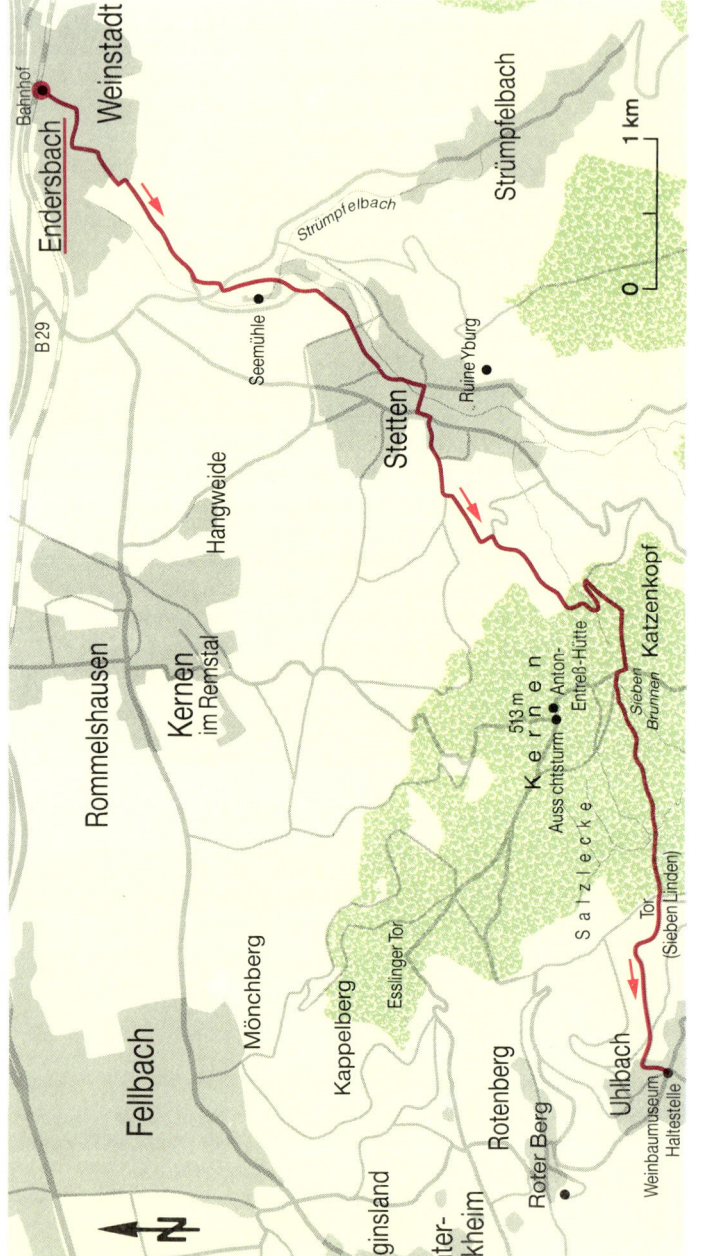

Bahnhof

Endersbach

Weinstadt

B 29

Strümpfelbach

Strümpfelbach

1 Km

0

Seemühle

Ruine Yburg

Stetten

Hangweide

Kernen
im Remstal

K e r n e n

513 m

Auss chtsturm

Anton-
Entreß-Hütte

Sieber
Brunnen

Katzenkopf

Rommelshausen

S a l z l e c k e

Mönchberg

Esslinger Tor

Kappelberg

Tor
(Sieben Linden)

Fellbach

Rotenberg

Uhlbach

Roter Berg

Weinbaumuseum
Haltestelle

Luginsland

Unter-
türkheim

N

Weinbaumuseum der Landeshauptstadt Stuttgart, das in *Uhl-bach* den Schlußpunkt hinter die Wanderung setzt.

Tourenbeschreibung Direkt gegenüber des Endersbacher Bahnhofs stoßen wir auf den roten Balken des Georg-Fahrbach-Wegs des Schwäbischen Albvereins, der uns durch die *Theodor-Heuss-Straße,* nach Überqueren der *Beutelsbacher Straße* sofort nach rechts durch ein kleines Sträßchen an der Kirche vorbei bis zur *Traubenstraße* und nach links zu einem Platz mit zwei Linden bringt, an dem wir aufpassen müssen. Hier verläßt der Wanderweg nach rechts durch die *Auberlenstraße* den Ort. Direkt nach den letzten Häusern führt er nach links leicht bergauf und hinter einem Brückchen sofort wieder nach rechts einem Bach entlang. Nach etwa einer Viertelstunde durch Wiesen überqueren wir eine Straße. Danach ist wieder ein Bächlein unsere wichtigste Orientierungshilfe nach links. Wir folgen dem Bach immer geradeaus bis zur *Seemühle.* Vor der Mühle laufen wir kurz nach rechts und gleich wieder nach links. Wir gehen wieder über zwei kleine Bächlein und danach sanft bergauf, wo wir nach etwas mehr als 100 Metern auf einem Asphaltsträßchen nach links schwenken.

Wenn wir nach *Stetten* kommen, marschieren wir immer geradeaus in den Ort hinein, und bei der Anstalt Stetten wird es dann leider etwas kompliziert: der rote Balken schickt uns erst nach rechts in die *Seedammstraße,* dann geradeaus durch die *Bachstraße,* 50 Meter später nach rechts durch die *Seitenstraße* und an deren Ende nach links in die *Lange Straße.* Nach 40 Metern können wir nach rechts über die *Rotenbergstraße* den Ort wieder bergauf verlassen.

Etwa 200 Meter nach Ortsende gabelt sich der Weg. Wir wählen den linken Strang weiterhin bergauf. Dort, wo sich der Weg auf halber Höhe wieder teilt, spazieren wir nach links und bei der ersten Möglichkeit wieder nach rechts durch die Weinberge. Wir verabschieden uns nach 100 Metern bei einer Gabelung vom Wanderzeichen. Etwa eine Viertelstunde später gehen die Weinberge in Wald über. Wir folgen dem Weg immer mehr oder minder eben durch eine Haarnadelkurve. Wenn wir erneut den Waldrand erreichen, müssen wir sofort nach rechts bergauf dem blauen Balken nach. Auf halber Höhe teilt sich der Weg. Für uns ist die rechte Variante die richtige, die schon kurze Zeit später in ein Schottersträßchen übergeht, wo wir uns wieder rechts halten.

Nach etwa 10 Minuten kommen wir an ein wahres Gewirr von Wegen. Wir gehen nach rechts und haben bald die Möglichkeit, geradeaus zum *Kernenturm* mit seiner schönen Aussicht, einem

Spiel- und Grillplatz und der *Anton-Entreß-Hütte* einen Abstecher zu machen.

An der Stelle, an der der Weg zum Kernenturm hochführt,
müssen wir in der ursprünglichen Marschrichtung gesehen nach
links (auf dem Rückweg vom Turm mithin nach rechts) und
nach etwa 100 Metern bei einer Schutzhütte wieder nach links
dem roten Balken nach. Wir bleiben auf diesem Weg, bis wir auf
der Höhe aus dem Wald heraus zu einer Stelle mit dem Namen
Tor oder *Sieben Linden* gelangen. Von der haben wir mit dem
blauen Balken zwei Möglichkeiten, nach *Uhlbach* zu wandern.
Die kürzere führt geradeaus, wobei wir nach einer Viertelstunde
das Sträßchen durch die Weinberge nach links verlassen und uns
ein Pflasterweg mit dem Wanderzeichen direkt zum *Weinbaumuseum* am Dorfplatz bringt. Von dort aus ist auch die Rück-
fahrt mit der SSB-Buslinie 62, *Haltestelle Uhlbach,* möglich.

60 Nürtingen – Beuren – Tischardt – Nürtingen

Verkehrsmöglichkeiten Endstation Nürtingen der SSB-Busli-
nie 74.
Wegmarkierungen Teilweise unmarkiert, blaues Dreieck,
blaue Raute.
Tourenlänge 26 Kilometer.
Wanderzeit 7 Stunden.
Höhenunterschiede Etwa 350 Meter.
Wanderkarte 1:50000 Blätter L 7322 Göppingen und L 7522
Bad Urach.
Wissenswertes In *Beuren* baut der Landkreis Esslingen in
einem Freilichtmuseum Zeugnisse der bäuerlichen Vergangen-
heit des Neckartals und des Albvorlands wieder auf. Das Thermalbad verspricht Erholung und Entspannung in warmem Wasser. – Der *Kirchertwald* zwischen Tischardt und Nürtingen
diente den Kelten als Kult- und Gräberstelle.
Tourenbeschreibung Vom Omnibusbahnhof benutzen wir die
Unterführung unter der Eisenbahnlinie und auf der anderen
Seite dann die *Plochinger Straße* nach rechts bis zu einer verampelten Kreuzung. Hier biegen wir nach links in die *Kirchhei-
mer Straße* ab. Sie begleiten wir, bis an einer kleinen Anlage mit
drei Linden nach rechts die *Ruthmänninstraße* abzweigt, die
kurz darauf in die Straße *Im Inneren Bogen* übergeht. Das blaue
Dreieck des Albvereins begleitet uns auf dem (nicht mehr weiten) Weg aus der Stadt, hinaus. Immer geradeaus erreichen wir

Zu Tour 1, 2, 60   **Nürtingen**   (Foto: Ulrich Schnabel)

auf einem Teersträßchen den Waldrand und kurze Zeit später
die erste »brenzlige Stelle« unserer Tour. An einer Wegspinne
vertrauen wir uns dem Weg an, der am deutlichsten nach links
die Höhe hinauf führt. Wir bleiben immer auf diesem gut mar-
kierten Forststräßchen, das sich zunächst relativ gerade durch
den Wald zieht, beim Wiederaufstieg nach einer kleinen Senke
aber an einer Weggabelung einen Rechtsbogen macht. 100 Meter weiter gabelt es sich, und wir wandern nach links weiter
bergauf.

Nach einer Haarnadelkurve ist unsere Aufmerksamkeit erneut gefordert. Am Waldrand treten wir zunächst aus dem Forst
heraus (und verlassen dabei das Wanderzeichen), gehen dann
aber sofort nach links bergauf. Nach 80 Metern Wiese sind wir
wieder auf einem Teersträßchen, das uns ein Stück bergauf und
durch Weinberge und Obstwiesen bringt. Erneut macht uns eine
Haarnadelkurve für einen »brisanten Punkt« sensibel. Nach ihr
müssen wir scharf nach links bergauf abbiegen, hoch zum Wald.
Schon nach 10 Metern im Wald lenken wir unsere Schritte nach
rechts. Hier wandern wir erst geradeaus, nach einer scharfen
Linkskurve steht jedoch am Waldteil *Kästlesplatz* erneut eine
Richtungsänderung an: hier geht es wieder nach links. Schon
100 Meter weiter stoßen wir auf ein wahres Gewirr an Wegen.
Hier lenken wir unsere Schritte, soweit es nur geht, nach vorne
und wählen die rechte Variante. Wir stoßen auch wieder auf das
blaue Dreieck des Albvereins, das uns an der nächsten Kreuzung wieder nach rechts schickt. Nach kurzer Zeit treten wir aus

dem Wald heraus und marschieren nach links an einer Grillstelle vorbei zum Waldrand, wo wir eine recht unübersichtliche Situation vorfinden. Aber das blaue Dreieck hilft uns, den ersten Weg, der im Wald nach rechts führt, zu erkennen.

An der nächsten Kreuzung ignorieren wir die Wanderzeichen, die uns schon jetzt nach Beuren schicken wollen, und marschieren geradeaus weiter aus dem Wald hinaus und über Felder, bis wir zu einer Fahrstraße gelangen. Hier lenken wir unsere Schritte zunächst nach links und schon 50 Meter weiter nach rechts über einen kleinen Hügel hinweg. Wo dieser Weg in einen anderen mündet, gehen wir für 50 Meter nach rechts und dann nach links auf einer »Schotterstrecke« hinauf zur »Paßhöhe« zwischen *Engelberg* und *Spitzenberg.* Auf deren anderer Seite gehen wir, wo der Weg auf einen anderen trifft, zunächst nach rechts, bevor wir nach einer scharfen Linkskurve auf eine Kreuzung stoßen. Links hinab geht es zum Freilichtmuseum, rechts hinab nach Beuren, wo wir (ob wir nun eine Besichtigung gemacht haben oder nicht) auf jeden Fall hin müssen.

Im Ort nehmen wir zunächst einmal die *Brühlstraße* und gelangen dann zur Ortsdurchfahrt, der wir uns nach rechts anschließen. Zwischen Rathaus und Kirche hindurch erreichen wir bald die Abzweigung der Straße nach Neuffen. Wir folgen ihr nach links bergauf, machen aber eine Rechtskurve nicht mit, sondern gehen geradeaus durch die *Goethestraße* zum *Thermalbad.*

In dessen Nähe orientieren wir uns zunächst am Friedhof, an dessen Rand ein Teersträßchen zum Ortsteil *Balzholz* abzweigt. Wenn wir dort die Ortsdurchfahrt erreicht haben, gehen wir einfach über sie hinweg und biegen nach 100 Metern nach links in die *Oberweilerstraße* ab. An deren Ende wandern wir zunächst kurz nach links und dann sofort wieder nach rechts in den *Seeweg.* Ihm folgen wir in Richtung Tal, wobei wir uns an einer Gabelung unbedingt links halten müssen. Kurz nach Überschreiten der Bahnlinie gelangen wir zu einer breiten Fahrstraße, die wir überqueren und dann etwa 100 Meter nach links den Gehweg benutzen.

Nun sind wir an der Stelle, wo am Rand der Stadt Neuffen die *Auchtertstraße* nach rechts abzweigt. Ihr folgen wir ein Stück bergauf, bis kurz nach der Einmündung der *Eichenstraße* uns die blaue Raute des Albvereins nach links und 20 Meter weiter wieder nach rechts schickt. Auf einem Feldweg kommen wir immer geradeaus auf die Höhe, wo wir einen scharfen Rechtsbogen nachvollziehen (Achtung: auf gar keinen Fall geradeaus Richtung Kohlberg gehen!). 100 Meter weiter kommen wir zum Waldrand und lenken unsere Schritte mit dem Wanderzeichen links und im Forst bergab. Dann gehen wir immer geradeaus durch den *Weinschnaidt,* zunächst auf einer Forststraße, dann auf einem schmalen Pfad. Etwa 250 Meter nach einer Abzweigung nach Linsenhofen (die wir außer acht lassen) geht es von einem Schotterweg (auf dem wir kurzfristig wieder »gelandet«

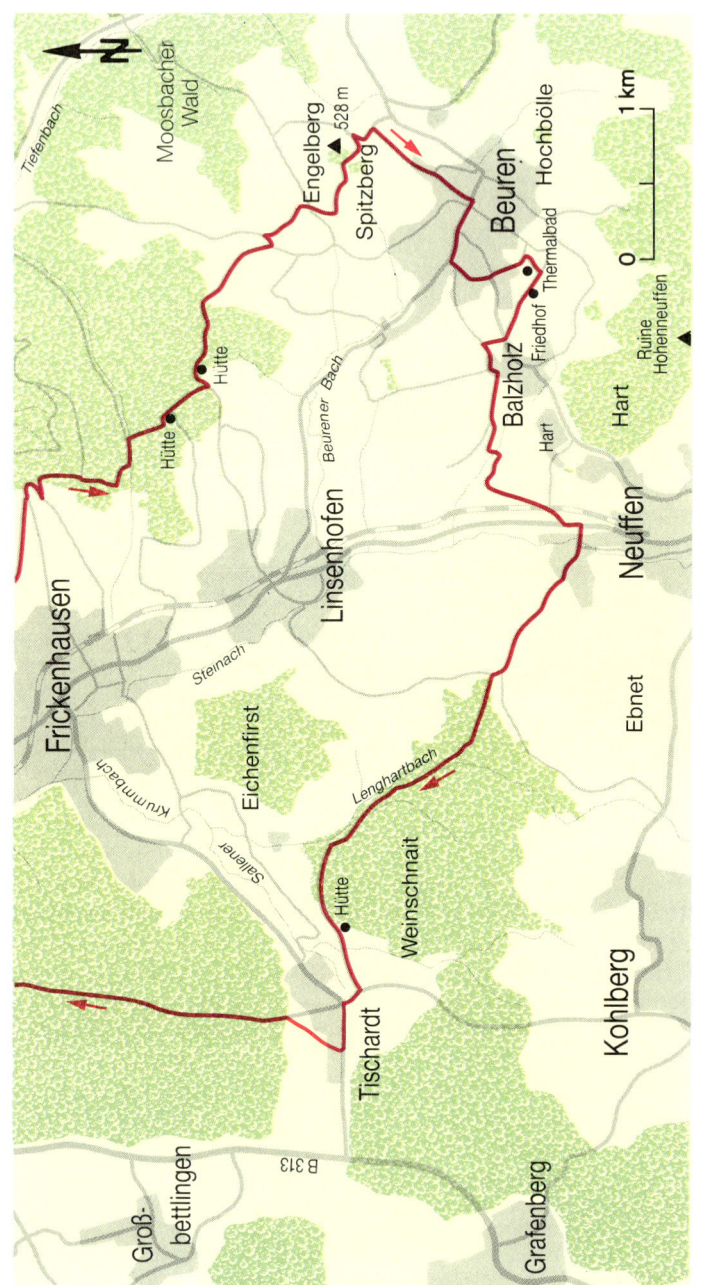

N

Ober-
ensingen

Nürtingen

Haltestelle
Zentraler Omnibushof

Ersberg

Neckar

Steinach

Tiefenbach

Neckarhausen

B 313

Enzenhardt

Raidwangen

Frickenhausen

Groß-
bettlingen

B 313

Eichenfirst

Linsenhofen

Tischardt

Krummbach

0   1 km

Sallener

Weinschnait

Lengharlbach

sind) nach links auf einem schmalen Pfad mit dem Wanderzeichen bergauf, der während des Anstiegs einen anderen Weg kreuzt und wieder in einen Schotterweg übergeht. Immer geradeaus wandern wir aus dem Wald hinaus und etwa 150 Meter am Waldrand entlang, bis wir an einer Kreuzung geradeaus auf eine Wiese zugehen, wo sich der Weg auch nur schwer nachvollziehen läßt: er verläuft nach kurzer Zeit halbrechts zwischen Obstbäumen hindurch steil bergab. Wenn wir nach kurzem auf ein kleines Brückchen kommen, können wir sicher sein, richtig gegangen zu sein. Ein Teersträßchen bringt uns schnell bergauf, wobei wir kurz vor Erreichen der Höhe nach rechts schwenken müssen.

Schon 200 Meter weiter stehen wir an der Ortsdurchfahrt von *Tischardt,* der wir uns zunächst nach links anschließen, bis wir dann nach 200 Metern bergauf die *Kirchertstraße* nach rechts weiter bergauf benutzen. 40 Meter nach der evangelischen Christuskirche weist uns das blaue Dreieck weiter nach oben in Richtung eines Fernsehumsetzers. Direkt hinter ihm führt uns das Wanderzeichen auf einen schmalen Pfad erneut in den Wald hinein.

Am Ende eines steilen Gefälles wird es völlig unproblematisch: der Wanderweg führt über rund 3 Kilometer schnurgerade durch den Wald und auf direktem Weg über Felder zum Nürtinger Stadtteil *Enzenhardt.* Wo wir auf eine Hauptstraße stoßen, müssen wir zunächst nach links und 80 Meter weiter wieder nach rechts in Richtung der *Lerchenbergsiedlung.* Unmittelbar hinter der *Rudolf-Steiner-Schule* lenken wir unsere Schritte nach links in den *Erlenweg* und an dessen Ende zwischen Feldern und Bebauung nach rechts bergab. Am Ende des Gefälles führt kurz vor der Bahnlinie ein Fußgängerweg nach rechts der Bahn entlang. 100 Meter nach einer Unterführung überqueren wir eine Straße und gehen geradeaus in die *Laiblinstegstraße* bis zu deren Ende. Von dort aus können wir über ein schmales Wegchen die vierspurige *Steinengrabenstraße* erreichen, der wir nach links unter der Bahn hindurch bis zu einer Fußgängerampel folgen, wo wir nach rechts die *Bahnhofstraße* erreichen. Ab hier führt der Weg immer geradeaus. Gegenüber des Bahnhofs befindet sich auf der anderen Seite der Straße wieder der *Nürtinger Zentralomnibusbahnhof (ZOB).*

Schwarzwald

Rund- und Streckentouren. Ausgewählt, abgeradelt und beschrieben von Wolfgang Benz.

Rad-Routen

Tour de Ländle 1

18 Tagesausflüge um Land und Leute kennenzulernen

SDR ○ **Tour de Ländle**

Deutscher Wanderverlag Dr. Mair & Schnabel & Co

Tour de Ländle 1

Zahlreiche Farbbilder, vierfarbige Kartenausschnitte, Taschenbuchformat.

Schwäbische Alb

Rund- und Streckentouren (Ostalb, Mittlere Alb, im oberen Donautal, Großer und Kleiner Heuberg, Jugendherbergs-Streckentour u. a. m.). Ausgewählt, abgeradelt und beschrieben von Bernhard Widmann mit einem Geleitwort von Egbert-Hans Müller.

Schwäbische Alb

Rund- und Streckenwanderungen mit vielen Farbbildern und farbigen Wegeskizzen. Beschrieben von Julius Viel.

Schwarzwald-Höhenwege

Westweg / Mittelweg / Ostweg / Gäurandweg / Kandel-Höhenweg. Querwege: Gengenbach – Alpirsbach / Rottweil – Lahr / Donaueschingen – Rhein / Freiburg – Bodensee / Hotzenwald / Hochrhein. Beschrieben von Reinhard Distel und Heinz Wittner.

Schwarzwald · Nord

Rundwanderungen, Streckenwanderungen, Naturlehrpfade. Begangen und beschrieben von Wolfgang Benz.

Schwarzwald · Mitte Zwischen Kinzig und Feldberg

Rundwanderungen, Streckenwanderungen, Naturlehrpfade. Begangen und beschrieben von Wolfgang Benz.

Schwarzwald · Süd Zwischen Feldberg und Rhein

Rundwanderungen, Streckenwanderungen, Naturlehrpfade. Begangen und beschrieben von Wolfgang Benz.

Deutsche Wanderjugend

Die Deutsche Wanderjugend ist die Jugend-
organisation des Verbandes Deutscher Geb.-
und Wandervereine. Die jugendlichen Mit-
glieder von sechs bis 15 Jahren lernen aber
nicht nur das jugendgemäße Wandern.
In der vielseitigen Gruppenarbeit werden Themen bevorzugt wie Laienspiel, Pantomime, Basteln, Werken,
Diskussionen, Aktionen, Video und auch Volkstanz.
Ein wichtiger Bereich ist der Natur- und Umweltschutz.
Die Gruppen betreiben aktiven Umweltschutz, messen
den Säuregrad von Wasser und Boden, setzen sich tat-
kräftig gegen das Waldsterben ein, führen Naturschutz-
wanderungen durch, legen Biotope an. Wer mehr über
uns, die DWJ, wissen will, schreibt an die
**DWJ-Bundesgeschäftsstelle, Wilhelmstraße 39,
D-7263 Bad Liebenzell.**